二战德军
虎式坦克全景战史

壹

郑 鑫 ◎ 编

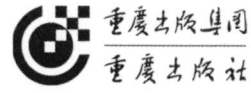

图书在版编目（CIP）数据

虎式坦克全景战史：全4卷 / 郑鑫编 . —重庆：重庆出版社，2017.7（2022.9重印）
ISBN 978-7-229-12173-0

Ⅰ . ①虎… Ⅱ . ①郑… Ⅲ . ①第二次世界大战－坦克－战争史－史料
Ⅳ . ① E195.2 ② E923.1

中国版本图书馆 CIP 数据核字（2017）第 074736 号

虎式坦克全景战史：全4卷
HUSHITANKE QUANJINGZHANSHI:QUAN 4 JUAN
郑　鑫　编

策　　划：格润轩
责任编辑：周北川　赵光明
责任校对：刘小燕
装帧设计：张合涛

重庆出版集团
重庆出版社　出版

重庆市南岸区南滨路 162 号 1 幢　邮政编码：400061　http://www.cqph.com
三河市金泰源印务有限公司　制版
三河市金泰源印务有限公司　印刷
重庆出版集团图书发行有限公司发行
E-MAIL:fxchu@cqph.com　邮购电话：023-61520417
全国新华书店经销

开本：720mm×1000mm　1/16　印张：73.5　彩插：47 页　字数：506 千字
2017 年 7 月第 1 版　2022 年 9 月第 2 次印刷
SIBN 978-7-229-12173-0

定价：178.00 元（全 4 卷）

如有印装质量问题，请与本集团图书发行有限公司调换：023-68809955 转 8005

版权所有　侵权必究

前言 FOREWORD

在第二次世界大战的陆地战场上，没有任何一种坦克装甲车辆的影响力能够与德国虎式（Tiger）及虎王（Königstiger，又称为虎Ⅱ）重型坦克相媲美，凭借卓越坚厚的装甲防护和88毫米坦克炮带来的精准杀伤力，它们获得了绝对的战斗优势，特别是在敌众我寡的情形下，显示出威风霸气，在富于经验、斗志高昂的车组驾驭下，屡屡创造以一当百、以少胜多的战场传奇。任何人都无法否认虎式及虎王坦克在二战中后期德军装甲作战中的核心地位，它们在进攻中扮演锋锐难挡的矛尖箭头，在防御中担当岿然屹立的磐石砥柱，无论在己方阵营还是在敌方阵营都获得了神话般的声誉，有虎式在就能军心稳定，就能令敌畏怯三分。

德国研制重型坦克的历史可以追溯到1937年，当时德国陆军要求设计一款重量约35吨、装备短身管75毫米坦克炮的"突破坦克"，在进攻中担任先锋角色，亨舍尔、波尔舍、戴姆勒－本茨等多家著名公司参与。在1940年的西线战役中遭遇装甲坚厚的英法重型坦克后，德军改弦易辙，要求研发一种装甲厚度达100毫米、装备大威力坦克炮的重型坦克，由亨舍尔、波尔舍两公司于1941年初展开竞标。同年德军发动"巴巴罗萨"行动，在战场上受到了苏军T-34中型和KV重型坦克的巨大冲击，这两款新型坦克压倒了德军所有现役坦克和大部分反坦克武器，唯一能够克制的仅有平射的88毫米高射炮而已。这一局面加剧了德军新型重型坦克研发的迫切性，两家公司的原型车于1942年初完成，经过比较后亨舍尔公司的方案胜出，于同年8月以"六号坦克"（Panzerkampfwagen Ⅵ）的名义投产，大名鼎鼎的虎式坦克由此诞生。

虎式坦克的设计是对以往德国装甲车辆设计哲学的一次颠覆，不再追求机动、火力、防护三大性能的平衡，而是以牺牲机动性为代价获得更优良的防御能力和更强大的攻击力。虎式坦克全重达57吨，正面装甲厚度达100～120毫米，在正常交战距离上可以免疫大多数盟军和苏军坦克及反坦克武器的攻击，主炮选用一门克虏伯公司研制的56倍径88毫米坦克炮，脱胎于著名的Flak 18/36型88毫米高射炮，是二战中性能最佳的坦克炮之一，其穿甲弹可在2000米距离上击穿110毫米的装甲，而且配合精良的瞄准具，在实战中精度极佳，可在1000米外精确点杀目标，尽管虎式坦克存在机械可靠性差、维护困难、成本高昂等缺陷，但凭借厚甲利炮就足以称雄战场，值得一提的是虎式坦克的装甲板大多采用垂直布置，逊色于T-34采用的倾斜装甲设计，但赋予了坦克硬朗刚强的外观形象，制造了心理上的巨大震慑力。在虎式坦克基础上，德国人又设计了改良型的虎王坦克，于1944年列装，其最大的改进在于大幅运用倾斜装甲设计，具有更好的避弹外形，装甲厚度达185毫米，将防护能力提升到更高的水平，同时安装一门威力更强的71倍径88毫米坦克炮，不过70吨的重量也使虎式坦克上已存在的缺陷更加突出，影响和制约了战斗力的发挥。

虎式及虎王重型坦克是二战中后期德军武库中最强的坦克装甲车辆，加上生产困难、数量不足，自然成为德军不肯轻易动用的杀手锏，在作战使用上不配属给基层装甲部队，而是集中装备特别组建的重装甲营（Schwere Panzer-Abteilung），作为独立的精英作战分队部署到战场的关键要点。额定编制45辆重型坦克的重装甲营可谓是精锐中的精锐、王牌中的王牌，其指挥级别相当高，通常置于集团军、集团军群麾下，甚至由最高统帅部直接掌握，根据实际战况配属军师级单位，担负攻城拔寨、补缺堵漏的紧要任务，除了陆军"大德意志"师和党卫军第1、2、3装甲师等精锐部队外，极少有师级单位直辖营级规模虎式坦克单位的例子。到1945年战争末期，在德国陆军序列内共组建了10个独立重装甲营、1个师属重装甲营（"大德意志"师）和1个遥控爆破重装甲营，在党卫军序列内组建了3个独立重装甲营，绝大多数虎式和虎王坦克都配属于上述15个重装甲营，在东西两线拼杀搏命，从俄罗斯的荒漠雪原到诺曼底的树篱林地，从突尼斯的戈壁丘陵到亚平宁的崇山峻岭，处处留下"虎踪"。

虎式坦克的首次参战是在1942年9月的列宁格勒前线，奠定威名则是在1943年7月的库尔斯克战役中，当时党卫军"警卫旗队"师的弗兰茨·施陶德格（Franz Staudegger）上士指挥一辆虎式面对超过50辆T-34，击毁了22辆，迫使苏军撤退，并因此获颁骑士十字勋章；而关于虎式坦克最著名的战例莫过于1944年6—7月间分别发生在东西两线的维莱博卡日之战和马里纳瓦村之战。在6月13日诺曼底战役初期，党卫军第101重装甲营由米夏埃尔·魏特曼（Michael Wittmann）中尉指挥的车组在维莱博卡日伏击英军装甲部队，单车击毁超过20辆坦克和大量其他车辆，有力挫败了英军的进攻锐气，魏特曼也因此一战成名。与此同时，在东线战场上，陆军第502重装甲营奥托·卡里乌斯（Otto Carius）少尉的虎式于7月22日在马里纳瓦村向一支苏军坦克部队发起迅捷的突袭，在僚车配合下仅15分钟内击毁17辆苏军坦克，其中包括10辆"斯大林"重型坦克！这两次战斗是虎式神话中最令人津津乐道的部分。实际上，在虎式坦克三年有余的征战中，类似的战例还有很多，各重装甲营中涌现了一大批虎式坦克王牌，至少有14位虎式坦克车长取得了击杀超过100辆敌军坦克的骄人战绩，其中战果最多的王牌是陆军第503重装甲营的库尔特·科尼斯佩尔（Kurt Knispel）上士，他在担任炮手和车长期间，确认击毁168辆敌军坦克。

从1942年至1944年，虎式坦克生产了1353辆，而在1944年至1945年间又有496辆虎王坦克装备德军装甲部队，总产量1849辆，而德军在一个时期内保有的虎式坦克数量从未超过700辆！即使在1944年7月的巅峰期，全军总共也只有671辆虎式而已！与之形成悬殊对比的是，德军装甲部队的主力型号四号坦克制造了约8500辆，"黑豹"坦克制造了约6000辆，而美军的M4"谢尔曼"坦克生产了近50000辆，苏军的T-34系列更是超过了80000辆！这意味着虎式坦克在前线常常要面对数十倍乃至上百倍的敌军。然而，与其稀少的数量相比，虎式坦克单位的作战效能却异乎寻常的高，战后对德军18个连营级虎式坦克部队战果及损失的不完全统计显示，上述部队在战争期间以总共损失1715辆虎式或虎王坦克的代价，取得了击毁不少于9850辆敌军坦克的战绩，交换比为1∶5.74，考虑到德军战损坦克中有很大比例并非毁于敌军火力，而是由于机械故障、燃料缺乏等原因被德军自行毁坏或遗弃，则实际战斗交换比将更高。在各装甲营中战绩最高的是陆军第503重装甲营，击毁了超过1700辆坦克，而效率最高的陆军第502重装甲营，以损失107辆坦克的代价摧毁了大约1400个敌方装甲目标，交换比为1∶13。通过上述记录和数字，我们不难发现虎式坦克无穷魅力的根源所在，笼罩在这场战争杰作头上的耀眼光环绝非浪得虚名。尽管虎式坦克没能、也不可能挽回第三帝国的败局，但它却留下了装甲战史上最令人荡气回肠的血火篇章。

战争结束后，充满传奇色彩的虎式坦克自然成为历史学家和军事爱好者们最为热衷和着迷的研究对象，关于其技术发展和作战历程的文章、书籍可谓汗牛充栋、卷帙浩繁，其中最为出名的自然是奥托·卡里乌斯亲自撰写的回忆录《泥泞中的老虎》(Tiger in the mud)，战后数十年间屡次再版，畅销不衰。不过，让人颇感困惑的是，在众多著作中从未出现过一本全面记述虎式坦克部队战史的作品。实际上从客观条件而言，撰写这样一部专著的确是一件极其困难的工作，因为虎式坦克部队多以营连级小规模单位配合一线部队作战，其战斗行动较为零散，而且夹杂在其他部队的作战记录中，细节难以考据，加上作战范围广阔，线索庞杂，年代久远，资料散失等原因，要想详细地梳理出虎式坦克部队的战史难于登天。诚然，对于少数著名战例，如维莱博卡日之战，战后的研究者们已经可以做到细致入微，但就整体而言，至多也仅能勾勒出一个大致轮廓。

不过，本书试图通过另一种方式达到或接近于全面展示虎式坦克战斗历程的目标，即以德军组建的连营级重型坦克部队为单位，将各部队保留下来的战斗日志和大量战场历史照片相结合，直观形象地记录虎式坦克在战争中的行动。本书采用的文字和图片均来自于第一手资料，原汁原味；尤其值得一提的是，本书数以千计的珍贵历史照片中很大一部分并非由新闻部门出于宣传需要而拍摄的，而是一线官兵的个人作品，虽然它们不及宣传照片那样清晰，却是最贴近历史事实的影像记录,是最能够展现虎式坦克及其车组成员战斗风貌的真实写照,这也是本书的真正价值之所在。

作为二战时期德国陆军乃至世界各国陆军中最具威力和传奇色彩的装甲战斗车辆,虎式坦克的作战历程是二战陆战史诗中最引人入胜的篇章之一,而《二战德军虎式坦克全景战史》系列正是以此为主题,为读者全景式地展开了德军虎式坦克部队的征战之旅。在本丛书的1、2卷中主要关注了陆军独立重装甲营及遥控爆破部队中虎Ⅰ及虎Ⅱ坦克的战斗情景,而在本丛书的3、4卷中将视角转向德国地面武装部队中其他曾经装备虎式坦克的精英作战单位,其中最声名卓著的莫过于陆军"大德意志"及武装党卫军王牌师所属的虎式坦克单位。

德军对虎式坦克的编组运用方式是以特别组建的独立重装甲营为主,临时配属于前线作战单位,受到师级以上高级指挥机关的节制,而在师级单位中很少组建重型坦克单位,但凡事总有例外,在德国陆军作战序列中享有"模范样板部队"声誉的"大德意志"装甲掷弹兵师就获得了直辖重坦克部队的特权,最初在其装甲团建制内编成一个虎式坦克连,后来更扩编为营级规模,成为德国陆军唯一的师属重装甲营。在战争中后期地位不断上升的武装党卫军部队也获得了组建师属重坦克部队的特权,早在1943年初其建立最早的三个精锐师第1"阿道夫·警卫旗队"师、第2"帝国"师和第3"髑髅"师就获准编组一个虎式坦克连,后来又增编为三个党卫军独立重装甲营,配置于由上述三个师发展起来的装甲军,而党卫军虎式坦克部队的战斗作风和突出战绩相比陆军同行毫不逊色,甚至更加威名远播。除了上述著名部队外,还有一些作战单位也曾经短暂装备过少量的虎式坦克,在后方训练部队中也会出现虎式坦克的身影,特别是在大战末期的最后几周里,有相当数量的虎式坦克被临时编入若干战斗单位,由于战局混乱、资料散失,这些作战单位的行动情况极为模糊,也很少有影像资料保存下来,不过本书还是尽最大努力收集相关资料,以确保虎式坦克部队作战历史的完整性。

值得关注的是,目前描述武装党卫军虎式坦克单位编制及作战行动的专著并不算多,这些书籍几乎无一例外地将焦点置于1943年7月库尔斯克战役及1944年夏季诺曼底战役,或者局限于对"装甲战神"、"二战中最优秀的坦克车长"米夏埃尔·魏特曼(Michael Wittmann)上尉的着力描绘,为这位知名虎式坦克王牌的神化运动推波助澜,在很多人心中都有一种天生的英雄崇拜情结,因此诸如魏特曼这种战斗英雄的事迹对于入门级的军事爱好者极具吸引力,导致相关的作品被不断创作出来,并反复出版。令人吃惊的是,这些出版物虽然品质参差不齐,但没有一本能完整地展现党卫军虎式坦克部队的作战面貌,在史实叙述上也有欠准

※ 二战时期最著名的德军虎式坦克王牌米夏埃尔·魏特曼在1944年获得橡叶饰时的标准肖像照,其名声之响亮,以至今日关于党卫军虎式坦克部队的著述大多以他为中心。

※ 1943年9月10日,在"大德意志"装甲团第13连的虎式坦克前,该团第7连连长汉斯·莱克斯中尉(图左立者)被授予骑士十字勋章,他在同年7月15日的战斗中指挥5辆虎式击毁了16辆T-34而无一损失,因此获得殊荣,这是"大德意志"师虎式坦克部队骁勇善战的一个典型战例。

确。此类读物通常更加关心的是诸如击毁了多少辆敌军战车,或者有什么人获得了勋章之类的外在的东西,这些内容能够极大满足初级读者的猎奇心理,但是对于资深爱好者和博学的研究者来说,这些数字和荣誉记录是远远不够的,要分析一场装甲战役的胜败因素或者一位优秀坦克车长的成功原因往往需要更多的信息支持,比如参战双方的武器类型和性能、战役行动的全貌、采取的战术方法等等,这些资料要比简单的数字和耀眼的勋章更为重要,更值得一提的是,有很多坦克车长——不仅仅在虎式坦克部队中——都具有不亚于魏特曼的勇气、技巧和卓越战绩。

上述事实清晰地显示了严肃的历史作品与附和宣传噱头的出版物之间的鸿沟,而最为典型的例子就是关于"堡垒"行动中普罗霍罗夫卡坦克战的描述,这次发生于1943年7月12日的战斗以战争史上规模最大的坦克交战而载入史册。在当天苏军第5近卫坦克集团军遭受了惊人的损失,400余辆装甲车辆被击毁,但是集团军司令员罗特米斯特罗夫(Rotmistrov)为了掩盖其拙劣指挥造成的惨重损失,迫不及待地宣布苏军在这场遭遇战中获胜;他宣称德军蒙受了最严重的创伤,有超过70辆虎式坦克被击毁,这一说法已经被大部分出版物不加鉴别地采用而广为流传;但是事实上在当天与苏军正面对抗的三个党卫军装甲师仅有三个重装甲连,整个前线地段虎式坦克的数量仅有43辆,远远少于苏联方面宣称

※ 一幅描绘1944年12月德军阿登攻势的油画，展现了德军装甲部队大举开进的场面，在画面右侧显著位置是属于党卫军第501重装甲营第2连连部的204号虎Ⅱ坦克，该营是党卫军虎式坦克部队中战绩最突出的单位。

的数字。根据德军战报，在7月12日仅有一辆虎式坦克被彻底损毁，而在"堡垒"行动期间，党卫军部队总共只损失了4辆虎式而已。时至今日，还有各色军事读物或电视节目仍千篇一律地重复着"德军装甲部队在库尔斯克遭到毁灭"的论调。

基于上文提及的关于党卫军虎式坦克部队的历史著作的创作现状，本书所负有的正本清源的责任不容忽视。在战后部分幸存的党卫军老兵一直致力于将其部队的战史整理成册，保留了很多珍贵的历史资料，为本书的完成奠定了基础。相比文字资料的收集整理，党卫军虎式坦克部队的图片研究显得特别困难，由于一些历史原因，从战争时期保留至今的战地照片很少，其中最主要的原因是在二战结束后，党卫军官兵为了避免在被俘时遭遇格外严厉的待遇，常常会竭力隐藏自己的真实身份，而销毁所有私人物品和照片在这种情况下绝对是有益无害的自保措施之一，其后果就是本书只能在受到极大限制的情况下开展图片的收集和整理工作。

序 章 001

　　德军重装甲营的沿革和编制 001

　　德国陆军独立重装甲营概况 004

　　陆军独立重装甲营及遥控爆破装甲部队涂装范例 025

第1章　陆军第501/424重装甲营 037

第2章　陆军第502/511重装甲营 094

第3章　陆军第503/"统帅堂"重装甲营 179

序　章

在翻开虎式坦克部队的战斗史册之前，有必要对德军重装甲营的沿革、编制以及各营的概况做一些简单介绍，作为读者深入阅读前的准备，同时也有助于更好地理解本书资料的价值。在重装甲营概述中，我们将主要介绍这一精英装甲单位的创建、组织体系、兵力编成以及车辆配置等情况。在各装甲营概况这部分，则以各营为单位，从装备、编制和涂装标志三个方面加以记述："装备"一节主要对各装甲营在不同时期接收的虎式坦克的型号及技术特征进行描述，由于生产时间的不同，重装甲营使用的虎式坦克在很多细节上都存在差异；在"编制"一节主要介绍各营在战争期间的兵力编制变化，随着时间的推移，由于战斗消耗和补充，装甲营的实力一直处于不断变化中，在编成初期各营的标准编制是下辖三个装甲连45辆重型坦克，但到战争后期，部分营已经缩减到两个连，坦克数量也下降至31辆，有时各营还会自行决定其编制结构；在"涂装和标志"一节，主要记录了各装甲营车辆的涂装配色方案、车辆编号和部队徽记的使用及变化，需要注意的是，重装甲营对于车辆迷彩伪装的涂绘并没有统一的标准，在1942年底之前对于车体编号及标志的位置、样式和颜色同样没有严格规定，即使后来出台了相关规则，实际上前线部队在很多时候仍然自行其是，直至战争末期各营都还保留着不少本营独特的标志和涂装。毋庸置疑，有关重装甲营装备、编制和涂装的细节信息将对我们研究、判断战时照片的内容提供可靠的依据。

德军重装甲营的沿革和编制

德军装甲部队最初的重型坦克单位是1942年2月16日组建的第501、502重装甲

虎式坦克 全景战史

连，它们在同年5月10日在埃尔福特（Erfurt）共同组成了第501重装甲营，这也是德军第一个独立重装甲营，此后将重型坦克编入营级规模的独立作战分队成为德军装甲部队的编制通例，大部分虎式和虎王坦克都配属到陆续组建的各重装甲营内。从1942年至1945年，在国防军陆军部队序列内共组建了12个重装甲营，其中10个采用5开头的三位数字作为部队番号，从第501营至第510营，仅有第301（遥控爆破）装甲营和"大德意志"装甲掷弹兵师所属装甲团的第3营例外，其中后者是德国陆军部队中唯一的师属重装甲营。1942年底，武装党卫军部队序列内也组建了重装甲单位，党卫军第1"阿道夫·希特勒警卫旗队"师、第2"帝国"师和第3"髑髅"师三支王牌部队各自拥有了一个装备9辆虎式的重装甲连；在库尔斯克战役之后，在上述三个连基础上又组建了三个重装甲营，编制与陆军同类单位相同，番号为党卫军第101、102、103重装甲营，分别配属党卫军第1、2、3装甲军。在1943年10月还计划组建党卫军第104重装甲营，准备配属党卫军第4装甲军，但没有实现。上述三个营在1944年夏秋改称为党卫军第501、502、503重装甲营。除了上述15个陆军和党卫军重装甲营外，在战争中还存在一些独立的虎式坦克分队，大多是连级规模，通常附属于军、师级单位、战斗群、伞兵部队和装甲兵学校。

在组建之初，由于虎式坦克数量不足，重装甲营编制内仅编有两个装甲连，每连辖四个装甲排，每个排装备2辆虎式坦克和2辆三号坦克，全连共有8辆虎式和8辆三号，此外每个连部配置1辆虎式，营部直辖2辆虎式，这样全营共有20辆虎式和16辆三号，计36辆坦克。随着虎式坦克产量的增加，重装甲营的编制规模得到扩充，增加了第三个装甲连，每连辖三个装甲排，每排编有4辆虎式坦克，连部编有2辆虎式，全连共计14辆，三个连总共42辆坦克，加上营部直辖的3辆坦克，则重装甲营的虎式坦克总数达到45辆，最初用于充数的三号坦克则全部撤编，这是战争后期重装甲营的标准编制。在1943年至1944年间，各重装甲营的补充通常享有优先权，尽管战损很大，都能及时补充，在短时间内恢复满编状态，甚至达到超编；但在1944年秋季之后，随着战局恶化，装备匮乏，补充难以得到保证，重装甲营的缺编开始变得普遍，而且虎式坦克机械故障繁多，时常需要维修，因此能够投入作战的坦克数量通常低于编制数量。

除了装甲连外，重装甲营最初还辖有一个营部连和一个维修连，营部连由以下作战支援单位组成，包括参谋部、通信分队、侦察排、工兵排、防空排、医疗分队和供给分队，而维修连则包括各个后勤维修分队。当重装甲营扩编为三个装甲连后，配属的后勤支援部队也相应扩大，在营部连、维修连之外又组建了单独的供给连。在维修连内编有三个维修排和一个回收排，其中第1、2排负责履带式车辆的维修，第3排负责轮式车辆的维修，回收排负责战地紧急修理和回收。每个装甲连也配置了支援单位，包括连部、卫生队、维修分队和运输分队，并配属22辆轮式车辆，运送上述单位的人员和物资。在全营范围内，除了45辆虎式坦克外，其他各型轮式或履带式车辆配置数量多达278辆，用于支援虎式坦克作战，到战争末期随着装备日渐匮乏，这些支援车辆的数量下降到233辆，但种类更加多样，编组更趋完善，重装甲营后勤支援车辆的构成和数量详见下表。

德军重装甲营作战及支援车辆编成及数量

车辆种类	车辆型号	数量（1943.7.1）	数量（1945.1.1）
履带式自行高炮	四号自行高炮	0	8★
半履带式自行高炮	Sd.Kfz. 7/1型自行高炮	6	3★★
装甲运兵车	Sd.Kfz. 251型装甲运兵车	10	11
装甲回收车	"黑豹"坦克回收车	0	5
重型牵引车	Sd.Kfz. 9型18吨半履带卡车	8	7
轻型牵引车	Sd.Kfz. 10型1吨半履带卡车	8	13
半履带摩托车	Sd.Kfz. 2型半履带摩托车	0	14
挎斗摩托车	各种型号摩托车	25	0
双轮摩托车	各种型号摩托车	17	6
轻型汽车	82型桶车	64	38
民用汽车	各型民用汽车	2	1
军用轮式卡车	各型军用轮式卡车	111	84
民用卡车	各型民用卡车	24	34
半履带卡车	各型半履带卡车	0	6
吊车	各型吊车	3	3
支援车辆总数		278	233
重型坦克	虎式/虎王坦克	45	45
重装甲营车辆总数		323	278

注★：8辆四号自行高炮中有4辆装载单装37毫米炮，4辆装载四联装20毫米炮。
注★★：所有半履带式自行高炮均装载四联装20毫米炮。

从编制人数看，一个重装甲连共有113名官兵，而重装甲营的全部人员为1093人，包括28名军官、274名军士、694名士兵、7名平民雇员（维修技师）和90名辅助人员（自愿为德军服务的前苏军战俘）。到战争即将结束时，重装甲营的兵力也有所减少，装甲连编制内的运输分队被并入供给连，装甲连的编制人数下降至88人，包括4名军官、46名军士和38名士兵；供给连的人员增加到248人，包括5名军官、55名军士和188名士兵；营部连的兵力为176人，包括9名军官、37名军士和130名士兵；维修连有207人，包括3名军官、37名军士和167名士兵；全营编制总人数为902人，包括7名平民雇员。

德国陆军独立重装甲营概况

本节主要介绍德国陆军部队序列中获得三位数字番号的独立重装甲营和连的相关情况，"大德意志"师所属重装甲营、武装党卫军独立重装甲营及其他重型坦克单位将在本系列丛书的第2卷内介绍。

陆军第501/424重装甲营

德国陆军排序第一的重型坦克营，1942年5月10日组建，于1942年底至1943年初被派往突尼斯（Tunisia）作战，随着1943年5月北非轴心国部队的投降，第501营也宣告覆灭，后于1943年9月重建，转而前往东线作战，主要在白俄罗斯、波兰地区展开行动，1944年7月开始换装虎王坦克，同年12月改称第424重装甲营，由于战损严重，至1945年2月中旬已基本丧失作战能力。在战斗中第501营总共损失虎式坦克约120辆，击毁约450辆敌军坦克，在各重装甲营中战果偏低。

装备：最初生产的45辆虎式坦克都有一个显著特征，即在炮塔后部两侧各设有一个冲锋枪射孔，其中20辆在1942年秋季交付第501重装甲营，当时这批坦克均未安装挡泥板和侧裙板，直到该营准备开赴意大利进而前往北非战区之前才由部队成员自行加装了挡泥板和裙板，都是用弯曲的铁板自制而成，相对简陋，尺寸上比后来工厂制作的标准配件小得多。此外，炮塔后部的储物箱最初也是部队自制的，要比标准储物箱大得多，用铁条固定在炮塔上。第501营首批虎式坦克的另一个重要外观特征是将两个前车灯安装在车身正面上部装甲板上，以免炮塔转动时炮管碰坏车灯。在组建之初，第501营下辖两个装甲连，其中第2连将备用履带板挂在车体正面首上位置，也有个别坦克将履带板置于首下位置。后来运往突尼斯补充第501营战损的3辆虎式坦克取消了炮塔右后部的冲锋枪射孔。

由于虎式坦克生产进度较慢，数量不足，第501营最初还同时装备了三号坦克，与虎式坦克混编，充实战力，两个装甲连内共有16辆三号，包括8辆装备60倍径50毫米炮的三号J型和8辆装备24倍径75毫米炮的三号N型。后来组建的第501营第3连是按照完整建制编组的，装备14辆虎式，但该连在1943年6月转入"大德意志"装甲团，成为"大德意志"师的重装甲单位，这些新装备的虎式与初期型号有所不同，增加了一个装填手观察孔，并更换了HL 230 P45型发动机。

1943年5月，第501营跟随非洲军残部在突尼斯向盟军投降，德军以少数先前受伤归国的人员为班底在1943年9月重建第501营，并在10月和11月间接收了45辆崭新的虎式坦克，成为齐装满员的重装甲营，进而被派往东线中段参战。这批新坦克都安装了圆柱形车长指挥塔，在车体正面中央位置安装了一个前灯，而备用履带板被置于炮塔两侧，后期生产的虎式坦克大多都有防磁涂层。在1944年6月补充第501营的最后6辆虎式就属于后期型，采用钢缘负重轮、加厚的炮塔顶部装甲以及单筒式炮手瞄准镜等。

在1944年夏季的白俄罗斯战役中，第501营第二次全军覆灭，当它再次重建时换装了45辆虎王坦克，成为第一支全部装备虎王的重装甲营。这些虎王都安装了量产型炮塔，并在表面敷设了防磁涂层。

编 制： 在1942年5月第501重装甲营最初组建时下辖两个装甲连，每个连辖四个排，每个排编有2辆虎式坦克和2辆三号坦克，此外每个连部配置1辆虎式，营部配置2辆虎式，共计20辆虎式和16辆三号。在1942年底第501营奉命开赴北非战场时，该营第2连的8辆虎式绕道前往法国南部，而第1连的虎式和所有三号坦克随营主力乘船抵达突尼斯，由于第2连的缺编，营部对编制进行了调整，第1连各排编制不变，其虎式坦克的战术编号分别为111、112、121、122、131、132、141、142，而三号坦克的编号为113、114、123、124、133、134、143、144，这些编号被写在炮塔上，第一位数字表示第1连，第二位数字表示所属的排，而第三位数字表示所在排的车辆序号。第1连连部直辖1辆虎式和1辆三号坦克，编号为11和12，营部直辖的2辆虎式编号为01和02。属于第2连的5辆三号N型坦克被集中编成一个轻型装甲排，编号从03至07。暂时留在法国的第2连的8辆虎式坦克编号依次为211、212、221、222、231、232、241、242，它们被编成两个排，每排4辆虎式。在1943年1月的作战中，第501营损失了2辆虎式（121号和122号车），于是第1连重编为三个装甲排，每排辖5辆坦克，包括2辆虎式和3辆三号，其中各排增加的第五辆坦克的编号为115、125和135。

1943年2月，第2连也抵达突尼斯，第501营全员部署到位，随后两个装甲连被编入第10装甲师第7装甲团，成为该团第3营的第7连和第8连，其编制再次发生变化。第7装甲团第7连仍下辖三个排，每排5辆坦克，其中第1、2排各有3辆虎式，第3排有2辆虎式，其编号分别为711、712、714、721、722、724、731、732，其余7辆坦克为三号，编号为713、715、723、725、733、734、735。第7装甲团第8连也辖有三个排，各排辖有虎式坦克的数量与第7连相同，编号分别为811、812、813、821、822、823、831、833，而该连其余坦克则为混编的三号和四号坦克，在1943年2月底的"牛头"行动（Operation Ochsenkopf）之前，第3营得到了15辆中型坦克的补充。在"牛头"行动中，第3营在贝雅（Beja）地区遭遇惨重损失，有7辆虎式、4辆四号和8辆三号被击毁，大部分是第8连的车辆，此战后该营剩余的坦克被合编为一个连，仍辖三个排，每排5辆坦克，车辆编号沿用原先第7连的编号体系。1943年3月17日，第7装甲团第3营（即第501重装甲营）的11辆虎式和余下的三/四号坦克被编入新抵达的第504重装甲营，但是令人困惑的是，在此之后第501营仍然单独向上级报告兵力，而第504营的兵力报告却包括了之前属于第501营的车辆。

在北非战役结束时，第501营残部也向盟军投降，德军于1943年秋季按照标准的三连制装甲营重建了第501营，辖三个装甲连共45辆虎式，同时采用标准的车辆编号体系标记所辖坦克，营部直辖的3辆虎式编号分别为001、002、003。1944年夏季第501营第二次重建时全营换装了虎王坦克，在1944年8、9月间首批虎王战损殆尽后，第501营得到了原属509重装甲营的18辆虎式坦克的补充，使编制内重型坦克的数量增加到53辆，各排均混编虎式和虎王坦克，在额定编制外多余的坦克平均分配到各连部。

涂装和标志： 第501重装甲营在开赴北非战场之前，所有车辆都被涂成沙褐色，在虎式坦克车体侧面中间位置绘有带白边的黑色十字徽图案作为国籍识别标志，各车的战术编号则写在炮塔侧面，最初为空心白边阿拉伯数字，而且尺寸很大，编号的高度几乎占据了整个炮塔侧面高度，营内三号坦克的涂装也与虎式坦克类似。第501重装甲营的营徽是一只潜行老虎的线描形象，黑黄相间，通常涂绘在车体正面驾驶员观察窗正上方或偏左位置，该营第1连的大部分虎式还会在车体正面左侧画上一个红色平行四边形，在框内写有一个字母S，取自德语schwere（重型）的首字母，以表明车辆性质和部队隶属。在抵达突尼斯后，为了更好地适应当地的自然植被环境，第501营的部分坦克用缴获的美军草绿色油漆进行了重新涂刷，这种颜色要比原先的沙褐色更深，但炮塔编号没有重绘。在第501营编入第7装甲团后，所有坦克重新绘制了编号，保持尺寸不变，但样式改为红底白边，部分坦克在炮塔后部的储物箱上也写上了编号。

在1943年9月第501营重建后，所有虎式坦克都涂以标准的黄褐色涂装，十字徽依然绘在车体侧面中间位置，但战术编号移至炮塔侧面前部，而且尺寸明显缩小，样式是锈红色的空心数字，值得注意的是，该营车辆编号中的数字"3"的右上角为直线折角，而非通常的圆角形式。在冬季车辆涂以白色伪装色后，编号数字改为黑色边框，但保持了黄褐色底色。在第501营第二次重建并换装虎王坦克时，车辆的底漆仍是标准的黄褐色，但增加了由橄榄绿色和褐色弯曲线条构成的迷彩图案，十字徽绘制在炮塔侧面中央略微靠后的位置，战术编号在十字徽左侧，高度约为炮塔高度的一半，为红底白边数字。

陆军第502/511重装甲营

德国陆军最早接收虎式坦克并投入实战的重装甲营，该营在1942年5月25日组建于班贝格（Bamberg），1942年9月开赴列宁格勒前线，此后长期在东线北段作战，是最成功的重装甲营之一，宣称摧毁了1400辆坦克和2000门火炮，1945年1月改称第511重装甲营，在战争末期接收了少量虎王坦克，于1945年4月27日解散。

装 备：第502重装甲营在1942年8月接收了第一辆虎式坦克，成为首个装备该型坦克的装甲单位，不过由于虎式坦克产量不足，最初仅有第1连装备了6辆虎式，该营组建之初还接收了9辆三号N型和9辆三号L型，补充编制缺额，首批交付第502营的虎式坦克没有安装侧裙板。第2连直至1942年12月才得到少量虎式，并且混编了9辆三号N型。在1943年至1944年间，第502营又多次获得补充，将编制内的全部三号坦克都撤换为虎式坦克。值得一提的是，第502营是少数从未经过彻底重组的重装甲营之一，而且直到1945年3月都没有换装虎王，一直以虎式为主要装备。

第502营的虎式坦克最初没有在车体和炮塔上悬挂备用履带板，但从1943年春季开始部分坦克在炮塔侧面固定两排甚至更多的备用履带板,后来在车体正面也增加了履带板,强化防护能力。在法国组建的第2、3连最初接收的虎式坦克还装有适于热带作战的空气滤清器,据推断可能原本是准备补充给在北非作战的第501营或第504营。在东线作战的第502营直到战争后期仍很少为虎式坦克敷设防磁涂层。

除了采用钢缘负重轮的后期型虎式外,第502营使用过其他所有型号的虎式坦克,在1944年底还曾接收过数辆经过工厂翻修的虎式。在战争末期,由于虎式数量不足,第502营第1连(已改称第511营第1连)在1945年2月换装了10辆"追猎者"坦克歼击车,而第3连于3月间从位于卡塞尔(Kassel)的亨舍尔工厂直接接收了8辆虎王,这是第502营唯一装备虎王的部队。

编制:在1942年秋季第502重装甲营组建初期仅编有两个装甲连,第1连下辖三个排,其中第1排和第2排各编有2辆虎式和3辆三号L型,而第3排最初仅有3辆三号L型,而没有虎式,连部编有2辆虎式和1辆三号N型,另外8辆三号N型被编为一个轻型排,营部没有任何直属坦克。第1连各排的虎式坦克编号为111、112、121、122,三号L型的编号为113、114、115、123、124、125、133、134、135,连部的虎式编号为100、101,三号N型为102,而轻型排的三号坦克编号是从01至08。1942年9、10月间,第502营又获得3辆虎式,补足了第1连第3排的131、132号车,第三辆虎式则归属连部,编号为102。第502营第2连直至1942年12月才开始装备虎式,其编制与第1连有所不同,编为四个排,其中两个排各装备4辆虎式,两个排各装备4辆三号N型,连部装备1辆虎式和1辆三号N型,各排的虎式坦克编号为211、212、213、214、221、222、223、224,三号坦克编号为215、216、217、218、225、226、227、228,连部的虎式为200号车,三号为201号车。

由于第2、3连一直在法国训练,实际上在1942年底至1943年春第502营仅有第1连在前线作战。经过作战消耗,第1连在1943年2月仅有5辆虎式可以行动,简单地编为1号至5号车。经过补充,第1连在1943年春季完成了标准编制,装备14辆虎式,三个排各辖4辆,连部2辆,均以两位数字编号,第1排为11号至14号车,第2排为21号至24号车,第3排为31号至34号车,连部为01号和02号车,至于剩余的三号坦克实际上被排除在编制序列之外,没有进行重新编号。到1943年7月,第502营第2、3连也抵达东线,从而使该营达到齐装满员,进而采用标准编制和编号系统,唯一的例外是营部直辖的3辆虎式以罗马数字Ⅰ、Ⅱ、Ⅲ号命名。在这段时期内,第1连在1943年初保有的几辆虎式都经过多次变更编号,例如1号车先后变为01号和134号车,3号车变更为14号和113号车,5号车变为21号车,而4号车后被送到工厂进行翻修。在1943年至1944年冬季，第502营经过多次充实后已经大大超过额定编制，有资料显示该营在实力巅峰时编有多达71辆虎式，超出编制的虎式被平均分配到各连部和各连的第1排，而其余各排及营部辖有坦克数量不变，富余坦克按照标准编号体系进行扩展编号，例如第1连连部的9辆虎式被命名为100号至108号车，其余各部以此类推。

涂装与标志：交付第502营的第一批虎式坦克采用德军装甲车辆传统的德国灰单色涂装，在车体侧面略靠后位置绘有一个由四条白色折线构成的简化版十字徽，战术编号位于炮塔侧面中央，为白边空心数字，高度为炮塔高度的三分之一。第502营的营徽是一个猛犸象的轮廓，最初用白色绘制在炮塔后部，在加装储物箱后，则移至车体正面右上角，通常用白色或黑色颜料勾绘。第502营的三号坦克最初也采用德国灰涂装，后来改为黄褐色底色加深橄榄绿斑点的迷彩涂装，其战术编号和十字徽的样式与虎式相同，但编号位于炮塔侧面前部，高度为炮塔高度的三分之二，营徽在车体正面右侧。

在1943年初，第1连的5辆虎式仅在炮塔侧面中央写有单位数字编号，为黑色数字，尺寸较大，在采用两位数字编号时，则采用尺寸很大的白色数字，涂绘位置在炮塔侧面前部，有时还会在数字上增加若干黑色线条，以降低编号的可视特征，增加隐蔽性。这一时期的虎式坦克都没有涂绘十字徽，在冬季时坦克通体涂以白色伪装色，而春季又改为黄褐色涂装，但在很多部位仍会露出原有的德国灰底色。

第502营第2连和第3连接收的坦克在交付时就已经涂以新的黄褐色底色，当它们被调往东线时又增添了浓密的橄榄绿色蛇形线条作为迷彩图案。在实现标准编制后，第502营全面更新三位数字战术编号，采用小尺寸的黑色或白色数字，约为炮塔高度的三分之一，涂绘在炮塔侧面前部烟雾弹发射器正下方，第1连在几个月时间里还使用过白底黑边的编号样式。黑色白边的十字徽涂绘在车体侧面靠近车尾约三分之一处，高度与从车体顶部至侧裙板上缘的整个侧面高度相等，值得一提的是第2连的车辆还为十字徽增加了一个黑色方底。

在1943年至1944年冬季，第502营的虎式坦克采用通体白色涂装，编号改为稍大的黑色数字，位于炮塔前部中央位置。在1944年初，第502营接收了很多补充装备，同时变更编号，新编号仍绘在炮塔侧面前部，但改为红底白边数字。新交付的虎式坦克采用黄褐色底色加橄榄绿和深褐色斑点、条纹的迷彩涂装，而且全都取消了十字徽。1945年3月，第3连直接从工厂接收的虎王没有任何部队标志和编号，由于缺乏黄褐色油漆，仅在表面刷了一层红褐色防腐漆，为了尽量掩盖这种显眼的颜色，工人们在车身上涂上较宽的橄榄绿色波浪条纹和斑点。

陆军第503/"统帅堂"重装甲营

第503重装甲营是德国陆军组建最早的重型坦克部队，于1942年5月4日成立于新鲁平（Neuruppin），比第501营还要早六天，最初准备派往北非，后转用于苏德战场，长期在东线南段作战，1944年换装虎王并前往西线，参加了诺曼底战役，之后再度返回东线，1945年1月改称"统帅堂"重装甲营（Schwere-Panzer-Abteilung Feldherrnhalle），在匈牙利进行了最后的战斗。第503营是战绩最高的重装甲营，据称击毁了1700辆敌军坦克，损失252辆坦克，其中仅有113辆毁于敌军火力。

装备： 虽然组建时间最早，但第503重装甲营直到1942年11月才得到第一辆虎式坦克，首批交付的15辆虎式均为初期型，在炮塔后部两侧设有冲锋枪射击孔，并且安装了空气滤清器，但没有防磁涂层。该营还同时接收了31辆三号N型，与虎式坦克一道被编为两个装甲连。与众不同的是，第503营为虎式坦克加装了三号坦克的炮塔储物箱。

1943年2月，在法国组训的第502重装甲营第2连经过重整后改为第503重装甲营第3连，装备9辆虎式和9辆三号N型，1943年5月间交付的14辆虎式使第503营在"堡垒"行动（Operation Citadel）前达到了满编状态。这批坦克在炮塔顶部舱盖上安装了装填手潜望镜，在坦克首下安装了备用履带板，后来移至首上位置。在"堡垒"行动期间，部分坦克在车体两侧附加了小块金属板，以便携带柴捆或铁丝网。1944年1月交付第503营的45辆虎式安装了新的车长指挥塔和单车首灯，但仍然使用胶缘负重轮，这批坦克都敷设了防磁涂层。

在1944年春季的战斗中，第503营的车辆几乎全部损毁，被迫进行重整。当同年6月诺曼底战役打响时，该营是西线战场上唯一的陆军重装甲营，仓促间混编了虎式和虎王，第1连接收了12辆虎王，其中11辆是安装了波尔舍炮塔的型号，其余各连装备了后期型虎式，其炮塔顶盖加厚，并在炮塔顶部增加三个起重吊环，上述所有坦克都敷设了防磁涂层，并在炮塔侧面和首上位置加挂备用履带板。在7月底，第503营第3连撤离前线，在后方接收了14辆虎王，其中12辆是波尔舍炮塔型。在诺曼底战役中，第503营再次遭遇毁灭性损失，除了两辆虎王外的所有车辆均被摧毁或遗弃。此后，第503营全面换装虎王，恢复到45辆的满编状态，随即被调往匈牙利，这些坦克大多数都敷设了防磁涂层。1945年3月16日，已经改称"统帅堂"重装甲营的第503营接收了5辆虎王。在匈牙利战役的最后阶段，该营的部分坦克在炮塔侧面中央位置额外增加了两排履带板，以加强防护。

编 制：第503重装甲营在刚组建时仅有两个装甲连和一个营部，每个连装备9辆虎式和13辆三号坦克，编成四个排，每排装备2辆虎式和2辆三号，连部装备1辆虎式，剩余的5辆三号合编为一个轻型排。第1连虎式坦克的编号为111、113、121、123、131、133、141、143，三号坦克的编号为112、114、122、124、132、134、142、144，连部坦克编号为100，轻型排的三号坦克编号为101至105。第2连的坦克编号与第1连类似，只是三位编号的首位数字改为2，表示第2连。营部直辖的2辆虎式以罗马数字Ⅰ、Ⅱ编号，此外营部还直辖一个轻型排，编有5辆三号，用于执行侦察任务，编号从01至05。

1943年2月3日，第503营各连又调整编制，每连重编为两个轻型排（每排4辆三号）和两个重型排（每排4辆虎式）。在"堡垒"行动数周前，第503营得到大量补充，得以按照重装甲营的标准编制进行重编，并采用标准编号系统。在1944年初，由于兵力超编，第503营在各连编制内临时增加了第4排。当第503营被部署到诺曼底战场时，获得了全新的33辆虎式和12辆虎王，所有虎王均配属给第1连，该连第3排还混编了2辆虎式，从而达到14辆的满编数字。第503营第3连后来换装了14辆虎王，成为第一个投入实战的全部装备虎王的装甲连。到1944年9月，第503营成为第四个全部换装虎王的重装甲营，并沿用标准的三位数字编号系统。

涂装与标志：与所有初期型虎式坦克一样，第503营接收的第一批坦克，包括三号坦克只是采用简单的德国灰涂装，一个尺寸较小的黑色白边十字徽被绘在车体侧面中间位置，战术编号书写在炮塔侧面中央，数字高度约为炮塔高度的一半，为白色数字并带有很细的黑边。第503营的营徽是一只黄色虎头并饰以白色圆底，通常绘制在车体正面右上角，但在第502营第2连并入该营后，各连都取消了车体正面的营徽。三号坦克的涂装和标志与虎式类似，但炮塔侧面的编号数字显得更大，约占炮塔高度的60%，位置略微靠前，此外在炮塔后部储物箱上也绘有编号。

1943年春季，第503营的坦克上被涂以一种少见的深黄–橄榄绿色混合涂装，炮塔编号改为更明显的黑底白边数字，有趣的是第1连的坦克手们在重新绘制编号时，只是把原有白色编号的中央涂黑而已，保留了原有的细黑边，结果新编号就带有一黑一白两道边。在1943年夏秋的几个月内，第503营的每辆坦克上竟有多达六

虎式坦克 全景战史

个十字徽，分别在车体两侧中央、炮塔两侧靠前位置和炮塔储物箱后部编号两侧，此外，在补充到该营第3连的坦克上编号数字的线条比其他坦克更细。在1943年至1944年冬季，第503营的坦克均涂以白色伪装色，常常会掩盖十字徽的白边并使其变得模糊不清，炮塔编号没有改变，但是由于白边融合到涂装色彩中，所以编号看起来像纯黑数字。在1944年2月，由该营皮佩格拉斯（Piepgras）少尉带队在马格德堡（Magdeburg）接收的一批虎式坦克曾被配属给米特迈尔战斗群（Kampfgruppe Mittermeyer）数周时间，它们的车身标志与第503营的其他坦克有所不同，其战术编号在炮塔侧面靠前约三分之一处，尺寸约为炮塔高度的60%，颜色为深红色，没有外边，后来这批虎式在5月间被派往科洛梅亚（Kolomea），用于训练匈牙利军队的虎式坦克车组，此时仍然保留着上述特色标志。在1944年春季，第503营的坦克将编号绘制在炮塔储物箱后面，车身涂装采用标准的黄褐色，车体侧面的十字徽略微在中心点偏下位置。

在1944年夏季开赴诺曼底战场时，第503营的坦克采用了黄褐色底色加橄榄绿和褐色斑点构成的伪装迷彩，十字徽在车体侧面中央，车辆编号在炮塔侧面中央靠前位置，采用黑底白边数字。在诺曼底战役期间，第503营第1连和第3连的波尔舍炮塔型虎王很容易区分，除了看数字编号的首位外，编号的位置也有差别，第1连的坦克编号在炮塔侧面前部，而第3连在炮塔侧面后部，所有坦克的十字徽均在车体侧面中央，第3连的部分车组成员将虎王坦克的迷彩图案改为不同宽度的橄榄绿色和褐色垂直线条。1944年9月，第503营接收了一批全新的车辆，包括45辆虎王，部分坦克采用了新型的"伏击"迷彩，但大多数坦克仍然沿用黄褐色底色加橄榄绿及褐色斑点涂装，十字徽移至炮塔侧面中央位置，炮塔编号则绘在标志前面，在后来补充的坦克上也有把编号绘在其他位置的情况，编号数字为黑底白边，高度为炮塔高度的四分之一。

陆军第1（遥控爆破）重装甲连

第1（遥控爆破）重装甲连的前身是作为第300（遥控爆破）装甲实验与补充营的第6连，于1943年4月在爱森纳赫（Eisennach）组建，同年7月改称第316（遥控爆破）装甲连。1943年9月至1944年1月间，该连在装甲教导师的麾下装备了3辆虎式和5辆虎王，并在1944年1月更名为第1（遥控爆破）重装甲连。虎王故障频发，导致该连只能以三号突击炮为遥控爆破指挥车。1944年8月该连很快就在诺曼底战役被打残，其作为重坦部队的经历仅有几个月而已。

序 章

装备：1943年9月，该连得到了首批3辆虎式用作遥控爆破训练车，都是经过翻新的使用胶缘负重轮的早期型号，直到1944年3月中旬才接收了5辆全新的波尔舍炮塔型虎王，属于第一批次的量产型虎王，带有防磁涂层。当1944年6月诺曼底战役打响时，该连的虎王坦克尚未做好战斗准备，就被匆忙部署到前线，至8月中旬基本损失殆尽。该连的几辆虎式后来被转交装甲兵学校用于训练，结局不详。

编 制：第1（遥控爆破）重装甲连在装备重型坦克期间从未获得足够的装备，因此也没有建立完整的编制结构，该连计划组建三个排，但由于缺乏坦克，只能用现有的装备组建了两个排，虎王编号也很奇怪，为1号、02号、10号、11号、12号。另外据照片资料显示，该连很可能还有一辆03号虎王。该连的虎式仅用于训练，没有编为战斗部队。

涂装和标志：第1（遥控爆破）重装甲连接收的虎式坦克均采用标准的黄绿色底漆，只有虎王使用了迷彩图案，虎王的车辆编号用大号白色数字写在炮塔侧面前部及炮塔后面，几乎与炮塔等高，此外再无其他编号或标志。

※ 第501重装甲营早期装备的一辆虎式初期型，注意其炮塔侧面的车辆编号121，表示该车为第1连第2排的1号车，其样式为白边空心数字。在车体侧面中央绘有十字徽，该营第1连坦克的十字徽尺寸略大于第2连。

虎式坦克 全景战史

※ 1943年2月26日，在北非突尼斯作战的第501重装甲营被改组为第10装甲师第7装甲团第3营，下属的两个连也相应变更为第7装甲团第3营第7连和第8连，所属虎式坦克的车辆编号也进行了重新编组和绘制，首位数字改为连番号7或8，书写样式改为红底白边数字。上面这幅局部细节照片是该营712号虎式，照片很好地显示了车辆编号的变化。

※ 下图　是正由两辆重型牵引车拖行的第501重装甲营的虎式坦克，从炮塔上的车辆编号813判断，这幅照片摄于该营并入第10装甲师之后，为第8连第1排的3号车，注意其车辆编号同时绘制在炮塔侧面和炮塔储物箱的背面。

序 章

※ 最初组建的第501重装甲营于1943年5月在北非全军覆灭，德军以该营剩余人员为基础于同年秋季重建了第501重装甲营，上图为该营重建后装备的2辆虎式坦克，摄于法国的迈利莱康训练营，炮塔侧面的编号表明为该营第1连的113和114号车，第501营新装备的虎式坦克都安装了新型车长指挥塔，车体敷设了防磁涂层，在炮塔侧面挂有备用履带板，以增强防护，其车辆编号的样式为红边空心数字，注意其数字3的直线折角特征。

※ 下图 是在东线作战的第501重装甲营332号车的车组成员在座车前的合影，摄于1943年至1944年的冬季，此时虎式坦克全车涂以白色冬季涂装，但是炮塔侧面的车辆编号被保留下来，其数字中央仍是原有的黄褐色底色，只是数字边框重新涂成黑色。

虎式坦克 全景战史

※ 1944年6月，第501重装甲营在东线再次覆灭，于同年夏季二度重建，并换装了虎王坦克，上图为该营第3连的313号虎王在公路上维修履带，后面还有一辆编号不详的虎王。从照片看第501营的虎王车体敷设了防磁涂层，车辆编号和十字徽都绘在炮塔侧面，数字样式为红底白边。

※ 下图 是战争后期第501重装甲营装备的一辆虎王，大约摄于该营接收第509营所属虎式之后的混编时期，从这幅照片可以观察到，相比上图早期装备的虎王，其炮塔侧面的车辆编号尺寸明显缩小，位于十字徽下方。

序章

017

※ 本页 这辆虎王坦克炮塔侧面的编号"502"颇令人感到困惑，因为按照德军重装甲营的标准编号系统是不会出现这种编号的，据推测它是第501营营部的002号车，这几张照片是1944年8月它被苏军在波兰缴获之后所摄。此车目前陈列在俄罗斯的库宾卡博物馆。

虎式坦克 全景战史

※ 上图 是第502重装甲营的102号虎式坦克,摄于该车于1942年底或1943年初乘铁路平板车运抵东线北部地区时,可见在火车周围聚集了不少德军官兵,对于这种刚刚服役数月的新型坦克,大部分德军士兵都感到很新鲜。这辆虎式的车辆编号原本属于第1连连部的三号坦克,在三号坦克战损后,由其填补了空位,并继续使用这一编号。尽管这幅照片较为模糊,但还是能够辨认出炮塔侧面的车辆编号和车体侧面的十字徽都是用白色线条简单勾勒的轮廓。

※ 在第502重装甲营组建初期,该营的坦克会在车体正面绘上"猛犸象"营徽,其中第1连的车辆用黑色绘制(左下图),第2连的车辆用白色绘制(右下图),注意在左下图中还能够清晰地看到这辆虎式坦克底盘的生产序列号。

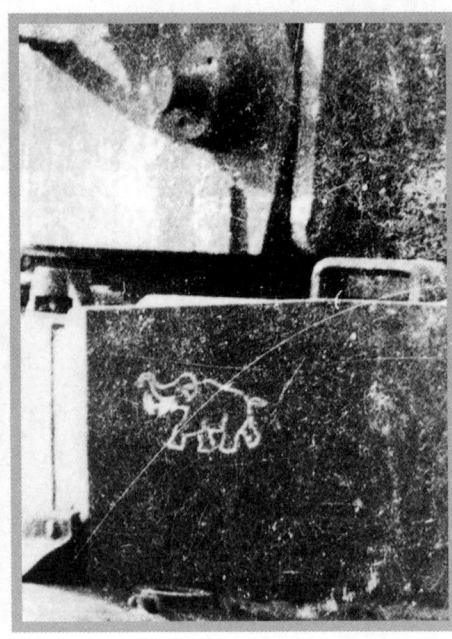

序章

※ 在1942年至1943年的冬季，第502重装甲营第1连仅剩5辆虎式坦克，于是以简单的数字序号从1至5编组，右上图就摄于这一时期，表现了第1连1号车的外观特征，此时全车涂以白色冬季涂装，在炮塔侧面线条瘦长的黑色数字1清晰可见。在1943年初，经过补充后，第1连恢复到14辆虎式的满编状态，同时车辆编号也更换为两位数字，编号采用大尺寸数字绘制在炮塔侧面前部，最初为显眼的纯白数字，后来为了降低可视性，在白色数字上又涂以若干黑色线条，如右中图中的该连22号车，从照片中可以观察到其炮塔侧面编号的细节特征。

※ 下图　反映了第502重装甲营002号车在1944年秋季的涂装及车辆编号样式，采用标准的三位数字编号，尺寸较小，高度约为炮塔的一半，采用红底白边数字，车体敷设有防磁涂层，并带有迷彩涂装。

019

虎式坦克 全景战史

※ 1943年夏季,在法国组训的第502营第2、3连陆续抵达东线,使第502重装甲营的编制达到完整,同时全营的虎式坦克统一采用标准的三位数字编号。上图是第502营第3连的四名军士在323号车前合影留念,从图中可见车辆编号以小尺寸的纯黑数字绘制在炮塔前部烟雾弹发射器的下方,炮塔侧面还挂有备用履带板和钢盔。值得注意的是,第3连的坦克在相当长的时间内还习惯于将车辆编号同时绘制在车体侧面,而尺寸较大的纯黑十字徽位于车体编号之后,这一特征也表现在上面的照片中。图中的虎式坦克正处于运输状态,拆除了最外侧的负重轮,并且换装了窄幅履带。

※ 在1944年夏季,第502重装甲营的兵力大幅超编,辖有的坦克数量超过70辆!这种状况从当时该营的车辆编号中可以得到印证。左图是第3连的鲁佩尔少尉在座车318号车前的一幅留影,注意车体侧面十字徽后方的编号数字18(首位数字3被隐没了),表明该车是第3连第1排的8号车,而按照标准编制,一个虎式装甲排辖有4辆车,是不可能出现类似318之类的高额编号,由此可见该排的坦克至少超编一倍!此外,从这幅照片上也可以看出此时第502营的虎式坦克在车体上敷设了防磁涂层。

序 章

※ 1943年初第503重装甲营首次在东线南段参战时，该营的虎式坦克均采用纯白色的车辆编号，绘制在炮塔侧面中央位置，后来在白色数字上增加了黑色边缘。上图是第503重装甲营营部的II号车，摄于1943年1月7日俄国南部某地，炮塔侧面的白色罗马数字Ⅱ清晰可见。从这幅照片上还可以看到第503营的虎头营徽绘制在车体正面的右上角位置，但后来这一标志被取消了。

※ 下图 是在1943年夏季的东线南部战场上，第503重装甲营的332号虎式陷在松软的泥土中难以移动，几名德军士兵正在车首前方查看情况，研究拖曳方案。这幅照片反映了当时第503营虎式坦克的车体标志，此时车辆编号改为黑底白边数字，绘制在炮塔侧面，这幅照片还有一个特别之处是，这辆坦克绘有两个十字徽，一个在炮塔侧面编号之前，另一个在车体侧面靠后位置，这种双十字徽在各重装甲营的涂装中是很罕见的。

虎式坦克 全景战史

※ 上图　是第503重装甲营第3连的322号虎式坦克，摄于1943年秋季，可以注意到此时炮塔侧面的十字徽已经被抹去，而且车辆编号数字的线条宽度明显比前页照片上的编号更宽，在实际涂绘时数字的宽度时常会有所变化。从这辆坦克的指挥塔外形和负重轮样式看应该是一辆初期型虎式。

※ 下图　是第503重装甲营第1连的132号虎式坦克，摄于1943年至1944年冬季在后方维修基地内进行修理期间。从这幅不甚清晰的照片上，我们可以发现第503营在车辆涂装上的另一些特别之处，此时该车将炮塔指向后方，注意在炮塔后部储物箱的背面绘有车辆编号，在编号两侧还各有一个十字徽，尽管它们的边缘都已经模糊不清，但仍可辨认，此外还能观察到这辆坦克敷设了防磁涂层。

序 章

023

※ 上图 是1944年春季配属于米特迈尔战斗群的一辆虎式坦克，是第503重装甲营在马格德堡接收的补充坦克中的一辆，这批坦克在归队途中被临时配属于该战斗群，其车体编号样式不同于第503营的其他坦克，采用深红色的大尺寸数字，绘制在炮塔侧面前部，没有边框。后来，这批虎式坦克又被调往科洛梅亚用于训练匈牙利坦克车组，因此也被人误认为是匈牙利军队的虎式坦克，实际上这批车辆始终在德军部队中服役。从图中可以观察到这辆虎式采用了钢缘负重轮，这是虎式坦克后期型的重要特征。

※ 1944年7月底，第503重装甲营第3连在诺曼底战场短暂行动后被调回后方，在迈利莱康换装虎王坦克，下图摄于1944年8月初换装期间，反映了该连332号坦克进行试车的情形，注意背景中的树丛内还隐藏着另一辆虎王，似乎正在进行维修。从这幅照片中可以了解到第503营在装备虎王初期的一些涂装特征，由于车组成员被允许自行选择、绘制车体涂装，因此第3连的坦克涂装呈现出不同的特点，大多是在黄褐色底色上绘以深橄榄绿色斑点或条纹迷彩图案，车体编号数字为黑底白边，绘制在炮塔侧面靠后位置，十字徽通常绘在炮塔侧面中央，但图中这辆坦克将其绘在车体侧面靠近车首的位置。

虎式坦克 全景战史

※ 上图 是第503重装甲营最著名的一幅宣传照片，摄于1944年8月该营第3连配合宣传部门拍摄新闻宣传片期间，图中连长冯·罗森少尉乘坐300号坦克检阅全连的虎王坦克编队，可以从近距离观察到300号坦克炮塔侧面的编号、十字徽和防磁涂层的细节。值得注意的是，在接受检阅的坦克中有多辆坦克已经使用了新型的伏击迷彩，部分坦克的炮塔上没有绘制车辆编号，也没有安装侧裙板。

※ 下图 这幅第503营第3连300号车的局部近照上，炮塔侧面的涂装又有所变化，编号数字的外形略有不同，绘制的位置也靠近炮塔后部，十字徽移至炮塔侧面中央偏上位置，在炮塔前部和后部的挂钩上各有一片备用履带板。

陆军独立重装甲营及遥控爆破装甲部队涂装范例

※ 第501重装甲营营徽在北非时期的三种应用式样。

※ 1942年11月北非突尼斯前线，第501重装甲营第1连的131号虎式涂装。

※ 1943年1月北非突尼斯前线，第501重装甲营第2连的241号虎式涂装。

※ 1943年2月北非突尼斯前线，第10装甲师第7装甲团第3营第7连（前第501重装甲营第1连）731号虎式涂装。

虎式坦克 全景战史

※ 1943年2月突尼斯前线第501重装甲营轻型排的06号车（三号N型）涂装，注意车体正面左上角的营徽。

※ 1943年12月东线，中央集团军群第501重装甲营第3连的314号虎式涂装。

※ 1943年12月中旬东线，第501重装甲营第1连的101号虎式涂装。

※ 1944年2月东线中段，501重装甲营第2连的233号虎式涂装。

序 章

※ 1944年3月上旬东线，第501重装甲营第2连的213号虎式涂装。

※ 1944年春东线中段，第501重装甲营第3连的311号虎式涂装。

※ 1944年8月波兰东部，第501重装甲营第3连313号虎王的炮塔涂装。

※ 1944年8月奥尔德鲁夫训练场，第501重装甲营第1连的131号虎王涂装。

虎式坦克 全景战史

※ 第502重装甲营"猛犸象"营徽在1942年期间都是标注在炮塔后部。

※ 1943年起,第502重装甲营营徽就进行了简化。

※ 1942年8月列宁格勒前线第502重装甲营第1连的111号虎式涂装。

※ 1942年12月列宁格勒前线第502重装甲营第1连的124号车(三号L型)涂装。

※ 1943年2月拉多加湖前线第502重装甲营第1连4号虎式涂装。

※ 1943年6月拉多加湖前线第502重装甲营第1连21号虎式的炮塔涂装。

※ 1943年8月北方集团军群第502重装甲营第1连的133号虎式涂装。

※ 1943年秋北方集团军群第502重装甲营第2连的233号虎式涂装。

※ 1943年9月东线北段，第502重装甲营第3连的323号虎式涂装。

序　章

虎式坦克 全景战史

※ 1944年4月北方集团军群第502重装甲营第3连的318号虎式涂装。

※ 1943年9月东线北段，第502重装甲营第2连的221号虎式涂装。

※ 1944年2月北方集团军群第502重装甲营第2连的235号虎式涂装。

序 章

※ 1945年1月库尔兰桥头堡，第502重装甲营第1连的108号虎式涂装。

※ 下图　为1945年4月1日在德国中部卡塞尔地区被击毁的第511重装甲营第3连所属的一辆虎王坦克，这是战后拍摄的一张彩色照片。左图为经这张照片推断出来的涂装彩绘。

031

虎式坦克 全景战史

※ 第503重装甲营营徽——虎头。

※ 1942年12月顿河集团军群第503重装甲营第1连的113号虎式涂装。

※ 1943年1月东线,第503重装甲营第2连的213号虎式涂装。

※ 1943年4月南方集团军群第503重装甲营第1连的142号(三号N型)涂装。

序 章

※ 1943年1月东线，第503重装甲营第1连的121号虎式涂装。

※ 1943年4月南方集团军群第503重装甲营第2连的222号虎式涂装。

※ 1943年4月南方集团军群第503重装甲营第2连的241号虎式炮塔涂装。

虎式坦克 全景战史

※ 1943年7月"城堡"行动期间，第503重装甲营第3连的334号虎式涂装。

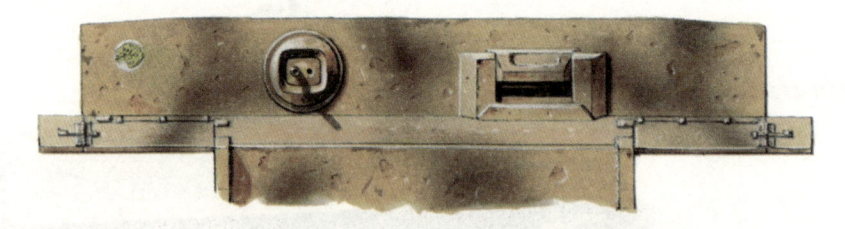

※ 1943年春第503重装甲营一辆虎式的车体正面涂装，注意右上角的营徽图案。

※ 1944年2月东线中段，第503重装甲营第1连的132号虎式涂装。

序 章

※ 1944年2月东线中段，第503重装甲营第2连的221号虎式涂装。

※ 1944年4月配属米特迈尔战斗群期间，第503重装甲营第1连的123号虎式涂装。

※ 1944年7月法国诺曼底地区，第503重装甲营第3连的301号虎式涂装。

虎式坦克 全景战史

※ 1944年8月法国迈利莱康训练场，第503重装甲营第3连323号虎王的炮塔涂装。

※ 1944年6月奥尔德鲁夫训练场，第503重装甲营第1连的111号虎王涂装。

※ 1944年10月匈牙利前线，第503重装甲营第2连的212号虎王涂装。

第1章 陆军第501/424重装甲营

Schwere Panzer-Abteilung 501 / 424

陆军第501重装甲营于1942年5月10日组建于埃尔福特，它合并了1942年2月16日组建的两个独立重装甲连——第501、502重装甲连，另外再加上驻扎当地的第1装甲补充营以及位于普特洛斯（Putlos）的装甲兵炮术学校提供的一些人员。首任营长是汉斯-格奥尔格·吕德尔（Hans-Georg Lueder）少校。

组建及北非作战

1942年5月23日：第501重装甲营奉命进驻奥尔德鲁夫（Ohrdruf）训练场，计划装备波尔舍公司的虎式坦克（即虎P），维修人员和驾驶员前往波尔舍公司的尼伯龙根工厂熟悉装备、接受训练，但在1942年8月初，第501营接到命令，改为装备亨舍尔公司的虎式坦克。（虎P坦克最终只造出了完整的4辆，另外有91辆虎P坦克的底盘被改造成了"费迪南德"/"象"式重型坦克歼击车，3辆底盘被改造成坦克回收车，3辆底盘被改造成破障坦克——作者注）。

1942年8月底：第一批虎式坦克交付第501重装甲营（当时其他各营仍在组建，首批量产的虎式坦克优先配置第502重装甲营——作者注）。

1942年10月：第501营配齐20辆虎式和16辆三号坦克，编为第1连和第2连，每连下辖四个排。这批坦克准备部署到北非战场，在热带沙漠环境下作战。该营第2连的8辆虎式被先行运往法国南部，并在那里重编为第1排和第2排，每排4辆虎式。

1942年11月10日：第501营主力（欠第2连）乘火车前往意大利南部海岸的雷焦港（Reggio）。

1942年11月18日：第一列运载第501营人员和装备的军列抵达雷焦。

虎式坦克 全景战史

1942年11月20日：第501营的坦克和装备开始由雷焦装船运往突尼斯，而人员乘坐Ju 52型运输机空运北非。

1942年11月22日：第501营营长吕德尔少校抵达突尼斯。

1942年11月23日：首批3辆虎式运抵突尼斯比塞大港（Bizerta）。

1942年11月24日：在第501营主力抵达前，德军组建了一个战斗群，由第190装甲营的两个连和第10装甲师的一个摩托车连组成，由吕德尔少校指挥，支援在迈贾兹巴卜（Medjez el Bab）坚守的科赫伞兵战斗群（第5伞兵团一部）。

1942年11月25日：吕德尔战斗群在深夜11时于朱代伊德（Djedeida）展开行动，并在拂晓后发动了一次成功的反击。

1942年11月26日：部队奉命撤至圣西普里安（St. Cyprien）至朱代伊德一线。

1942年11月27日：吕德尔战斗群由朱代伊德集结地域出发，向泰布尔拜（Tebourba）发动进攻，并在随后几天里与当地强有力的英军防御部队爆发激战。

1942年11月29日：在解除当地法军部队武装的行动中，第501营的2辆虎式作为预备队待命。

1942年12月1日：第501重装甲营第1连的3辆虎式和4辆三号坦克在连长尼古拉·冯·诺尔德（Nikolai Freiherr von Nolde）上尉指挥下，由朱代伊德以东7公里的集结地域出发，前往救援受困的友军部队，在战斗中一举击毁9辆美军坦克，但诺尔德上尉不幸阵亡，由埃伯哈德·戴希曼（Eberhard Deichmann）中尉接替指挥，但他在指挥坦克击毁2辆英军坦克后也丧命于狙击手枪下。

1942年12月2日：吕德尔战斗群（含1辆虎式和5辆三号）受第10装甲师师长之命，经舒伊尼（Chouigui）从北面向泰布尔拜发动进攻，阻止盟军部队的突破行动，在战斗中摧毁了6辆"斯图亚特"坦克和4门反坦克炮，己方损失3辆三号，由于配合作战的步兵士气低落，进攻陷于停滞。

1942年12月3日：吕德尔战斗群最后一辆能够行动的虎式和两辆三号在两个掷弹兵连的支援下继续进攻，另外3辆虎式在比塞大下船后也前往艾尔巴坦（El Bathan）以南集结，对泰布尔拜形成包围之势。

1942年12月4日：在空军斯图卡轰炸机的支援下，德军攻占泰布尔拜，此时投入战斗的所有虎式坦克均失去了行动能力，据称在泰布尔拜周边的数日战斗中，盟军方面部署的182辆坦克中损失了134辆。吕德尔战斗群解散。

1942年12月6日：一支由3辆虎式和4辆三号组成的战斗群从朱代伊德转移至艾尔巴坦，迫使当面盟军部队一枪未发，不战而退。

第1章 陆军第501/424重装甲营

1942年12月7日：德军部队在艾尔巴坦以南集结，准备进攻，但由于突降暴雨，地面泥泞，装甲部队难以展开行动。

1942年12月8日：一辆虎式坦克被派往海岸地区协助解除法国驻军的武装。

1942年12月9日：在得到新抵达的1辆虎式和1辆三号的加强后，第501营的可用兵力达到7辆虎式和5辆三号。仍滞留在国内的该营第2连第3、4排准备从法灵博斯特尔直接运往西西里岛西北岸的特拉帕尼（Trapani），以此为中转前往突尼斯，而第2连在法国的部队也计划经西西里岛增援北非。

1942年12月10日：德军第10装甲师的部队以2辆虎式为先导，沿着通往马西科（Massicault）的公路向迈贾兹巴卜发动进攻，第501营的其他虎式坦克作为预备队。德军攻势凌厉，推进了13公里，摧毁了14辆"斯图亚特"坦克。

1942年12月11日：第501营奉命掩护德军战线的南翼，当天傍晚，该营作为预备队转移至朱代伊德以东7公里处。

1942年12月17日：截至当日，第501营可作战的虎式坦克数量为7辆。

1942年12月18日：第501营重新部署到马努巴（Manouba）郊外，可用虎式数量增至8辆。

1942年12月25日：第501营可用兵力为12辆虎式和16辆三号，该营第1连在突尼斯地区执行一些临时作战任务。

1942年12月26日：截至当日，第501营可作战的虎式坦克数量为7辆。

1942年12月31日：第501营有11辆虎式和16辆三号做好战斗准备。

1943年1月初：第501营第2连的8辆虎式坦克陆续由法国运抵突尼斯。

1943年1月6日：5辆虎式参加了第10装甲师在布阿哈达（Bou Arada）的进攻行动，在德军撤退前从蓬迪法赫斯（Pont du Fahs）至布阿哈达的公路桥遭到盟军的破坏。

1943年1月7日：第49装甲工兵营成功修复了公路桥，确保了虎式坦克的顺利撤退。

1943年1月中旬：第501营（欠第2连）转移至蓬迪法赫斯至宰格万（Zahgoan）一线，为即将开始的"信使一号"行动（Operation Eilbote I）备战，该部将配属第334步兵师的韦伯战斗群，该战斗群由第334师师长弗里德里希·韦伯（Friedrich Weber）少将指挥。

1943年1月15日：第501营组成两个坦克群，每群包括4辆虎式和4辆三号，奉命支援第756山地步兵团的行动，另有5辆虎式和10辆三号与第69装甲掷弹兵团第2营在蓬迪法赫斯以南编成吕德尔坦克群，由第501营营长指挥，准备投入战斗。

1943年1月18日：德军开始进攻，第756山地步兵团在虎式坦克的支援下夺取了曼索尔山（Djebel Mansour）以东的峡谷，在午夜时分德军突破了布设有反坦克地雷的敌军坚固防线后，控制了凯比尔水库（Barrage el Kebir）西南岸的交叉路口。在当日的战斗中，122号虎式坦克被地雷炸伤，因突尼斯地区极度缺乏负重轮等坦克备件而被迫废弃，这是第501营第一辆在战斗中完全损失的虎式坦克。

1943年1月19日：吕德尔坦克群沿主干道向西南方的罗拜（Robaa）推进，之后转向南面，占领了希尔穆萨（Hir Moussa）附近的十字路口，在战斗中摧毁了25门敌军火炮，而德军步兵则将缴获的美军装甲运兵车纳为己用。

1943年1月20日：德军经克萨尔勒穆萨城堡（Ksar Lemsa castle）以北7公里的十字路口向东面的西博哈（Sibha）进攻，后退回路口，准备向南发动突击。第501营第2连沿罗拜公路部署，截至当日该营尚有12辆虎式和14辆三号可以作战，而编制内的虎式坦克数量减少到18辆。

1943年1月21日：德军夺取了沃斯拉提耶（Quesseltia）至凯鲁万（Kairouan）的十字路口，由费尔梅伦（Vermehren）少尉指挥的第501营第1连第2排成功击退了12辆英军坦克的反击，击毁了其中3辆。在一次侦察任务中，由阿尔滕伯格（Altenburg）下士指挥的一辆三号坦克被击毁。

1943年1月22日：英军对沃斯拉提耶外围的进攻再度被挫败，由科达尔（Kodar）中尉指挥的第501营轻型排击退了敌军的一次侧翼攻击，但损失了排长乘坐的三号坦克。当日，第501营与由苏拜亥（Sbikha）和凯鲁万出击的友军部队取得联系。在与敌军脱离接触时，第1连第2排的排长座车121号被焚毁，第501营保有的虎式坦克数量降至17辆。

1943年1月24日：第501营剩余的坦克抵达夏科尔山（Djebel Chakeur）以东凯鲁万地区的集结地，"信使一号"行动宣告结束，第501营在此次行动中击毁7辆敌军坦克和超过30门火炮。经过几次夜间行军后，第501营第1连抵达宰格万待命，而该营第2连击退了英军在蓬迪法赫斯西南方向发动的进攻，但蒙受较大损失。

1943年1月31日：鉴于盟军的不断推进，德军重组韦伯战斗群，实施"信使二号"行动（Operation Eilbote II）。当时第501营可用兵力为11辆虎式和14辆三号，这些坦克被分散配置于第69装甲掷弹兵团第2营和第756山地步兵团，组成两个攻击群。然而，面对盟军强有力的反坦克炮火和密集的雷区，德军被迫停止进攻。在当天的战斗中，有2辆虎式坦克的装甲被击穿，这是自虎式投入实战

第1章　陆军第501/424重装甲营

以来的第一次，其中231号虎式坦克被英军6磅炮击伤，失去行动能力，当日夜间被迫炸毁。此后，虎式坦克群被迫撤退。第501营现存虎式坦克的数量下降至16辆。

1943年2月8日：德军计划发动"春风"行动（Operation Frühlingswind），第501营第1连在新任连长施密特-博尔纳吉乌斯（Schmidt-Bornagius）中尉带领下前往苏拜亥，暂归第10装甲师指挥。

1943年2月13日：第501营第1连（6辆虎式和9辆三号）在数次夜间行军后，经凯鲁万抵达布特迪（Bou Thadi）附近的橄榄树林，在那里加入了由赖曼（Reimann）上校指挥的战斗群。

1943年2月14日：德军开始进攻，在迅速突破费德隘口（Faid Pass）后，先头的虎式装甲连向西迪布济德（Sidi Bou Zid）以北8公里处挺进，并在利索达岭（Dschebel Lessouda）成功击退了美军第1装甲师的两次反击，20辆"谢尔曼"坦克被虎式击毁。

1943年2月15日：第501营第1连掩护第86装甲掷弹兵团沿着通往斯贝特拉（Sbeitla）的公路向南进攻。

1943年2月16日：由于隆美尔元帅指挥部队向加夫萨（Gafsa）实施了成功的攻击，第10装甲师暂停攻势，重整部队向特贝萨（Tebassa）展开突击，以期获得更有利的战果。第501营第1连配属第7装甲团，击溃了西迪布济德隘口附近的盟军部队，但连长施密特-博尔纳吉乌斯中尉不幸阵亡，由哈特曼（Hartmann）中尉接任。

1943年2月17日：第501营第1连奉命前往皮松（Pichon）的集结地，在攻击计划取消后，第1连转移至宰格万附近的奥格兰（Oghrane）。同时，第2连仍在蓬迪法赫斯地区行动。

1943年2月26日：第501营得到15辆四号坦克的补充，并与第7装甲团第2营组成朗战斗群，由鲁道夫·朗（Rudof Lang）上校指挥，准备参加"牛头"行动。第501重装甲营随即并入第7装甲团，成为该团的第3营，原第501营第1连和第2连分别改为第7装甲团第3营第7连和第8连。第7装甲团奉命攻击贝雅，成功夺取了西迪嫩瑟尔（Sidi Nen Sir）。

1943年2月27日：德军继续进攻，但受到泥泞地面和盟军空袭的影响在本戴拉山（Djebel Ben Drar）一线受阻，在此费尔梅伦少尉的虎式坦克触雷。

1943年2月28日：德军的攻击一直持续到夜幕降临，在距离贝雅12公里处，7辆虎式陷入雷区被炸瘫，无法行动，只有2辆虎式、3辆三号和2辆四号尚能作战，在西迪嫩瑟尔以南15公里处的战斗中，第7装甲团第3营（第501营）的多名指挥官先后受伤，包括营长吕德曼少校、轻型排排长科达尔中尉、第1连连长哈特曼中尉以及斯托克哈默尔（Stockhammer）中尉。同日，2辆新的虎式运抵突尼斯，使第501营保有的虎式坦克数量增加到18辆。

1943年3月1日：德军停止了所有进攻行动，不能移动的7辆虎式坦克均被就地炸毁，可以作战的虎式坦克仅剩一辆，第7装甲团第3营（第501营）保有虎式坦克数量剧降至11辆。

1943年3月4日：新到达的虎式配属到位，使可用虎式坦克数量增加到3辆。

1943年3月5日：经过维修，部分坦克恢复行动能力，第7装甲团第3营（第501营）的可用兵力为3辆虎式、2辆三号和2辆四号坦克。

1943年3月10日：第7装甲团第3营（第501营）有6辆虎式、12辆三号和7辆四号可以作战，这些坦克参与了数次防御作战行动。

1943年3月17日：第7装甲团第3营（第501营）剩余的11辆虎式及其他所属单位并入新抵达的第504重装甲营（第501营此后的作战行动参见第504营行动日志——作者注）。

1943年5月12日：第501营残部在邦角半岛（Bon Peninsula）向英军投降。

1943年7月1日：在后方组训的第501重装甲营第3连改为"大德意志"装甲团第10连，该连是由第17军区和第5装甲师的后备人员在1943年3月6日编成的。

第一次重建及东线作战

1943年9月：以原第501营的150名官兵为核心，在帕德博恩重建了第501重装甲营，由埃里希·勒韦（Erich Löwe）少校任营长。

1943年9月18日：新的第501营进驻萨根（Sagan），并从第15装甲补充营获得后备兵员。

1943年10月12日：第501营转移至法国迈利莱康（Mailly Le Camp）的训练营地。

1943年10月19日至11月12日：第501营陆续获得45辆全新的虎式坦克。

1943年12月5日：完成训练、装备齐全的第501营开始乘火车开赴东线战场。

1943年12月10日：第501营在比亚韦斯托克（Bialystock）换车。

1943年12月12日：第501营在维帖布斯克（Witebsk）卸车。

1943年12月15日：第501营向维帖布斯克以西10公里的森斯克瓦（Senskowa）集结。

第1章　陆军第501/424重装甲营

1943年12月19日：第501营奉命向洛瑟夫卡（Losovka）转移，准备与第14步兵师一道向接近维帖布斯克至维利施（Welisch）公路的苏军部队展开反击。

1943年12月20日：德军在洛瑟夫卡附近发起进攻，击溃了一支正在集结的苏军坦克部队，击毁、击伤21辆苏军坦克，德军装甲部队继续推进，连续摧毁了数个炮兵阵地，击毁28门火炮，由于支援作战的步兵未能及时跟随，德军坦克被迫撤退。在当日的战斗中，第501营第1连损失2辆虎式，坦克保有数量下降至43辆。激烈的战斗又持续数日，第501营的三个连长全部受伤。

1943年12月23日：在当天的一次反击行动中，营长勒韦少校的座车被击中失去行动能力，他立即更换坦克继续指挥战斗，但很快与部下失去联系，第501营随后报告营长失踪，由营部连连长哈默施泰因（Hammerstein）上尉代理指挥。第501营刚刚投入东线战斗仅四天就失去了营长。勒韦少校曾在1940年9月担任第65装甲营第3连连长时获颁骑士十字勋章，后被追晋中校军衔，并追授橡叶饰。第501营保有虎式坦克数量降至41辆。

1943年12月24日：截至当日，第501营在五天的战斗中已击毁了81辆苏军坦克。

1943年12月26日：第501营第3连奉命向维帖布斯克东北方向展开支援行动。

1943年12月28日：第501营重新部署到维帖布斯克以南15公里处。

1943年12月31日：第501营可用兵力为16辆虎式坦克，该营的2辆虎式完整无缺地被苏军缴获，保有坦克数量降至39辆。

1944年1月1日：第501营可用兵力为17辆虎式坦克。

1944年1月：第501营奉命支援"统帅堂"战斗群的进攻行动。

1944年1月12日：第501营第3连部署到维帖布斯克以南的防御阵地上。

1944年1月13日：第501营击退了一次苏军坦克的攻击，但施罗德（Schroder）少尉的虎式被一枚炮弹击穿了炮塔顶盖而损毁，全营保有坦克数量降至38辆。

1944年1月：第501营在奥尔沙（Orscha）地区执行了几次任务，新营长冯·莱加特（Von Legat）少校到任。

1944年2月1日，第501营可用兵力为19辆虎式坦克，该营转隶于第6军指挥。

1944年2月12日：1辆虎式配属给驻守在路切萨河（Lutschessa）诺维奇桥头堡（Nowiki Bridgehead）的第131步兵师。

1944年2月13日：德军实施了一次失败的反击行动，第501营损失9辆虎式，保有坦克数量降至29辆。

1944年2月25日：数辆虎式坦克配合第481掷弹兵团肃清维施尼（Wichni）以东500米处树林内的苏军部队，未能取得成功，被迫回撤。

1944年3月1日：由于缺少配件，第501营可以作战的虎式坦克仅为17辆。

1944年3月12日：第501营奉命参加"胡贝图斯"行动（Operation Hubertus），配合第256步兵师在尼平兹（Nipinzy）以北发动反击，在突破萨勃里（Sabory）东南方的苏军防线后，将苏军一部包围在斯维兹奇耶（Ssiwizkije）东南地区。

1944年3月13日："胡贝图斯"行动取得成功，被围苏军部队全部被歼。

1944年4月1日：在配件运达后，第501营的可用兵力增加至27辆。

1944年5月1日：第501营的可用兵力达到29辆，该营成为第3装甲集团军的直属部队。克里帕尔（Kriepahle）中尉就任第501营第2连连长，他的"无线电操作员"居然是一个俄国女人！第501营第3连连长在战斗中失踪。

1944年6月1日：第501营可用兵力为29辆虎式坦克，转隶于第四集团军指挥。

1944年6月：第501营将9辆虎式坦克移交第509重装甲营，保有坦克数量降至20辆。

1944年6月23日：苏军发动大规模进攻，第501营被匆忙部署到奥尔沙枢纽部，由于情况混乱，导致该营在调动中四散分离。在随后几天中，第501营在奥尔沙东北部抵御苏军坦克部队的猛攻，并与苏军JS-2型重型坦克遭遇。由于苏军攻势猛烈，德军节节败退，第501营也被迫后撤，在撤退过程中，第2连连长克里帕尔中尉的201号车在经过奥尔沙大桥时因桥梁突然坍塌而坠河损毁。由于缺乏燃料，该营的数辆虎式坦克无法行动。

1944年6月28日：数辆虎式坦克奉命支援第78突击师的防御战斗。

1944年6月29日：沿公路行军至德鲁特河（Druth River）一线，阻止苏军先头部队的推进，随后渡过特德林河（Teterin River）。

1944年6月30日：第501营一部渡过奥斯里克河（Osslik River），在施贝勒维西（Schepelewitschi）组织环形防御，该营的部分坦克与第110步兵师协同作战，转移至别列津纳河（Beresina River）岸边，在斯霍克维兹（Schokowez）附近的森林中集结。

1944年7月1—2日：第501营仅有数辆虎式坦克成功渡过别列津纳河继续撤退，其余坦克因为缺油而被车组成员自行炸毁。

1944年7月2日：一批由乌尔班（Urban）参谋军士带领的临时人员在明斯克火车站接收了2辆虎式。

1944年7月3日：乌尔班率领的2辆虎式奉命守卫维尔纳（Wilna）至莫洛德奇诺（Molodetschno）的公路，但很快在战斗中彼此失去了联系。

第1章　陆军第501/424重装甲营

1944年7月4日：来自第501营和其他单位的残余人员组成了数个临时车组在明斯克接收了6辆虎式坦克，其中1辆由来自第742坦克歼击车营的阿诺德（Arnold）下士驾驶，第501营的克里帕尔中尉、阿恩特（Arndt）少尉、胡布纳（Hubner）上士、豪费（Haufe）上士和一个不知名的车长各自指挥一辆虎式，这就是第501营的最后实力。这6辆虎式被部署到明斯克以东约20公里处，但一辆坦克在开进途中发生故障而被留在后方，在随后的防御战中，阿诺德下士的虎式击毁了4辆T-34，据报告有2辆虎式在战斗中失踪，包括阿恩特少尉的座车。

1944年7月5日：2辆虎式被部署在莫洛德奇诺附近，在燃料耗尽后由车组成员炸毁。第501营最后的虎式坦克在撤退过程中为避开拥堵的公路选择穿过田野行驶，结果陷入泥沼，被迫自毁，至此第501营再度全军覆灭。

第二次重建及东线作战

1944年7月14日：第501重装甲营在奥尔德鲁夫训练场重建，由冯·莱加特少校继续担任营长。

1944年7月25日至8月7日：新的第501营接收了45辆新型虎王坦克。

1944年8月5日：第501营（欠第1连）奉命登上火车前往东线的布拉诺沃桥头堡（Baranow Bridgehead）。

1944年8月9日：该营在凯尔采（Kielce）附近的一个火车站卸车，随后公路行军前往设在赫梅尔尼克（Chmielnik）附近的第16装甲师部（该营将在该师的麾下作战）。但途中约有10辆虎王的悬挂系统发生故障，需要修理而无法行动。

1944年8月11日：第501营的11辆虎王于上午抵达赫梅尔尼克附近的集结区。

1944年8月13日：第501营的虎王向斯塔斯佐沃（Staszow）和西兹德洛沃（Szydlow）发动攻击。苏军应对此次攻击的为第53近卫坦克旅的29辆T-34/76、14辆T-34/85、7辆IS-2、2辆IS-122和1辆IS-85，所有苏军坦克都隐蔽在伪装良好的阵地中。战斗中，多辆虎王的炮塔中弹，结果导致炮塔内堆放的炮弹殉爆而全毁，此后德军不再将88毫米炮弹存储在炮塔内，虎王的携弹量降至68发。这天的战斗中德军总计损失了24辆坦克，其中12辆为第501营的虎王。此外苏军还缴获了3辆虎王，其中包括在奥伦多沃（Oglendow）村里缴获的502号，另外两辆则是102号和234号。

1944年8月15日：第1连赶到与营主力会合。

1944年8月中旬：第501营遭遇了一些小规模战斗，同时接收了新的配件。

1944年8月22日：第501营被错误地部署在普鲁斯（Prusy）和比德兹尼

（Bidziny）之间的拉多姆（Radom）地区，陷入苏军步兵坚固阵地的火力网中，地形也对坦克作战十分不利，结果有数辆坦克受伤。当天营长莱加特被撤职，据报告也可能与7月20日的刺杀事件有关。由西格弗里德·泽米施（Siegfried Saemisch）少校接任营长职务。

1944年9月1日：第501营可用兵力为26辆虎王，隶属于第38装甲军。

1944年9月：第501营第3连奉命转移至凯尔采、奥斯特罗维茨（Ostrowieze）、布斯科（Busco）地区，并沿着一条林间公路发动了一次不成功的攻击，遭受了一些损失。同月，第501营接收了原属于第509重装甲营（撤回后方换装虎王——作者注）的一批虎式坦克，使编制内保有的坦克数量达到53辆。

1944年10月1日：第501营有36辆坦克做好战斗准备（含原属第509营的18辆虎式），该营还装备了3辆利用虎式底盘改装的坦克回收车。

1944年11月1日：第501营可用兵力为49辆坦克。

1944年11月27日：第501重装甲营被更名为第424重装甲营。

1944年12月1日：第424营可用兵力为53辆坦克（包括23辆虎王和30辆第509营转交的虎式），配属于第32军。

1944年12月21日：第424营在奥斯特罗维茨西南面行动，配属于第24装甲军。

1945年1月初：根据一项十分荒谬的命令，第424营放弃有利阵地，在不利的地形下集结，且部署位置过于靠近前线。

1945年1月12日：苏军发动大规模攻势，但第424营在当日没有接到任何作战命令。第3连的部分兵力乘火车从桑多梅日（Sandomierz）向凯尔采以南地区转移，并在夜间奉命实施一次不合时宜的反击行动，以解救一个被围的师指挥所。

1945年1月13日：第424营奉命向利苏夫（Lisow）发动新的攻势。在向利苏夫开进途中，323号坦克压垮了一座承重只有12吨的桥梁。第424营以第1连居左、第3连居右、第2连居中断后的阵型向利苏夫展开攻击，数辆坦克在开下狭窄的公路后陷入松软的泥沼中动弹不得。

在利苏夫镇南边，由奥伯布拉施特（Oberbracht）少尉指挥的111号车两侧履带均被打断，瘫痪在原地，尽管如此仍然以精准的射击摧毁了20辆苏军坦克。第2连在战斗中击毁了7辆T-34，奈德哈特（Neidhardt）上士的202号车和阿诺德（Arnold）中士的221号车在接敌过程中中弹受损，瘫痪在距离城镇约200米的田野中。由楚迪（Tschudy）上士指挥的334号车因主动轮损坏而失去行动能力。

第424营在利苏夫镇外遭到苏军"斯大林"式重型坦克及隐蔽的反坦克炮的顽

第 1 章　陆军第 501/424 重装甲营

强阻击，未能达成战斗目的，全营坦克多数遭到损伤，营长座车也失去战斗力，营长泽米施少校阵亡，尽管在战斗中德军击毁了50～60辆苏军坦克，但在夜幕降临时被迫撤退，侦察不利是德军进攻失败的主要原因。在撤退过程中，海德里希（Heidrich）中士的332号车将一辆陷入泥沼的己方坦克拖出，但后者不久发生严重的履带故障，只能将其炸毁。

1945年1月14日：第424营第2连的3辆坦克在凯尔采附近投入战斗，一次苏军进攻被击退，5辆T-34被击毁，同时还有1辆四号坦克和1辆坦克回收车遭到他们的误击。

1945年1月15日：第424营所有可动的虎王和虎式坦克都在奋力杀出血路前往凯尔采。在随后几天里，第424营的数辆坦克连续奋战，最终都不免因燃料耗尽而自行炸毁的结局。由沙菲尔（Schaffer）中士指挥的323号车再次轧断了一座桥而被迫弃车。

1945年1月20日：第424营残部在西里西亚的格灵贝格（Grünberg）集结，在那里他们接收了部分临时拼凑的装甲车辆，包括2辆"黑豹"、3辆四号、2辆"犀牛"和数辆"追猎者"，它们大多来自布里格（Brieg）的修理厂。

1945年1月21日：第424营残部参加了对赖兴塔尔（Reichthal）的解围行动，损失一辆"黑豹"。

1945年1月22日：第424营转移至纳姆斯劳（Namslau）附近。

1945年1月23—24日：第424营的2辆四号坦克渡过奥得河（Oder River），保卫奥劳桥头堡（Ohlau Bridgehead）。

1945年1月25日：第424营在对林登（Linden）附近苏军桥头堡阵地的攻击中摧毁了一门反坦克炮。

1945年1月28日：由阿诺德中士指挥的四号坦克在策德利茨（Zedlitz）附近执行任务。

1945年2月5日：第424营残部乘火车由索劳（Sorau）向帕德博恩转移。

1945年2月11日：第424营被解散，第1连和第2连人员被用于组建第512重装甲歼击营，装备"猎虎"坦克歼击车，但第424营第3连仍留在帕德博恩。

1945年3月31日：由布施（Busch）中尉指挥的第3连与来自第500装甲补充训练营的训练坦克（2辆虎式、1辆"黑豹"、1辆四号和1辆三号G型突击炮）一道部署在帕德博恩至萨尔茨科滕（Salzkotten）一线，由博芬（Boving）中士指挥的虎式在帕德博恩火车站附近的战斗中被击毁。第424营残部在赫克斯特尔（Hoxter）投降。

战果统计

第501/424重装甲营在北非战场作战期间取得了超过150个击毁战绩，在东线作战期间击毁了超过300辆敌军坦克，其中约100辆是用虎王坦克取得的，其总战果约450辆，自损120辆坦克。

第501/424重装甲营历任营长

汉斯-格奥尔格·吕德尔（Hans-Georg Lueder少校，1942年5月10日至1943年2月28日，受伤）

埃里希·勒韦（Erich Löwe少校，1943年9月至12月23日，失踪）

冯·莱加特（von Legat少校，1944年1月至8月22日，解职）

西格弗里德·泽米施（Siegfried Saemisch少校，1944年8月22日至1945年1月13日，阵亡）

第501重装甲营骑士十字勋章获得者

埃里希·勒韦少校：1940年9月4日获颁骑士十字勋章，时任第65装甲营第3连上尉连长；1944年2月8日追授橡叶饰，是第385位橡叶饰获得者，时任第501重装甲营营长。

第1章 陆军第501/424重装甲营

※ 汉斯-格奥尔格·吕德尔（1908—1989）。左图是他率领第501营在北非作战之时所摄，右图是他于二战后继续在联邦德国国防军中任职，晋升为准将后所摄。

※ 埃里希·勒韦（1906—1943）。左图是他在担任第6装甲师第65装甲营第3连上尉连长获得骑士十字勋章之后所摄。右图摄于1942年，可见这时他的军衔已经是少校，说明此照肯定摄于1942年4月1日之后。勒韦在来到第501重装甲营担任营长之前，担任第6装甲师第11装甲团第1营营长。

陆军第501/424重装甲营虎式/虎王坦克接收及保有数量统计表

接收日期	虎式坦克	虎王坦克	保有数量	备注
1942.8.30	2	—	2	
1942.10	8	—	8	
1942.11	10	—	20	另有8辆三号J型和8辆三号N型
1942.12.9	1	—	20	
1943.3.5	2	—	11	
1943.6.27	+/−14	—	0	第501营第3连配属于"大德意志"师
1943.10.19	7	—	7	
1943.10.20	6	—	13	
1943.10.21	7	—	20	
1943.10.28	7	—	27	
1943.11.4	5	—	32	
1943.11.8	7	—	39	
1943.11.12	6	—	458	
1944.6.25	6	—	?	
1944.6	−9	—	0	9辆虎式移交第509重装甲营
1944.6.25	—	6	6	
1944.7.7	—	12	18	
1944.7.10	—	9	27	
1944.7.12	—	2	29	
1944.7.14	—	2	31	
1944.7.26	—	2	33	由第505重装甲营移交
1944.8.4	—	8	41	补克第501营第1连
1944.8.7	—	4	45	补克第501营第1连
1944.10.1	18	—	53	接收第509重装甲营的剩余坦克
总计	73	45		

陆军第501/424重装甲营虎式/虎王坦克损失情况统计表

接收日期	保有数量	保有数量	备注
1943.1.20	1	19	毁于6磅反坦克炮
1943.1.21	1	18	被英军工兵炸毁
1943.1.22	1	17	自燃
1943.1.31	1	16	被己方乘员摧毁
1943.3.1	7	11	被己方乘员摧毁
1943.12.20	2	43	被击毁
1943.12.23	2	41	被击毁
1943.12.31	2	39	被缴获
1944.1.13	1	38	毁于炮击
1944.2.13	9	29	被击毁
1944.6.23	?	?	被击毁或自毁
1944.7.2	?	?	被己方乘员摧毁
1944.7.4	2	4	在行动中失踪
1944.7.5	4	0	被己方乘员摧毁
1944.8.12	3	42	被击毁
1944.8.13	?	?	被缴获或被击毁
1944.9	?	53	被击毁或自毁
1945.1	?	?	被击毁或自毁
总计	约120辆		

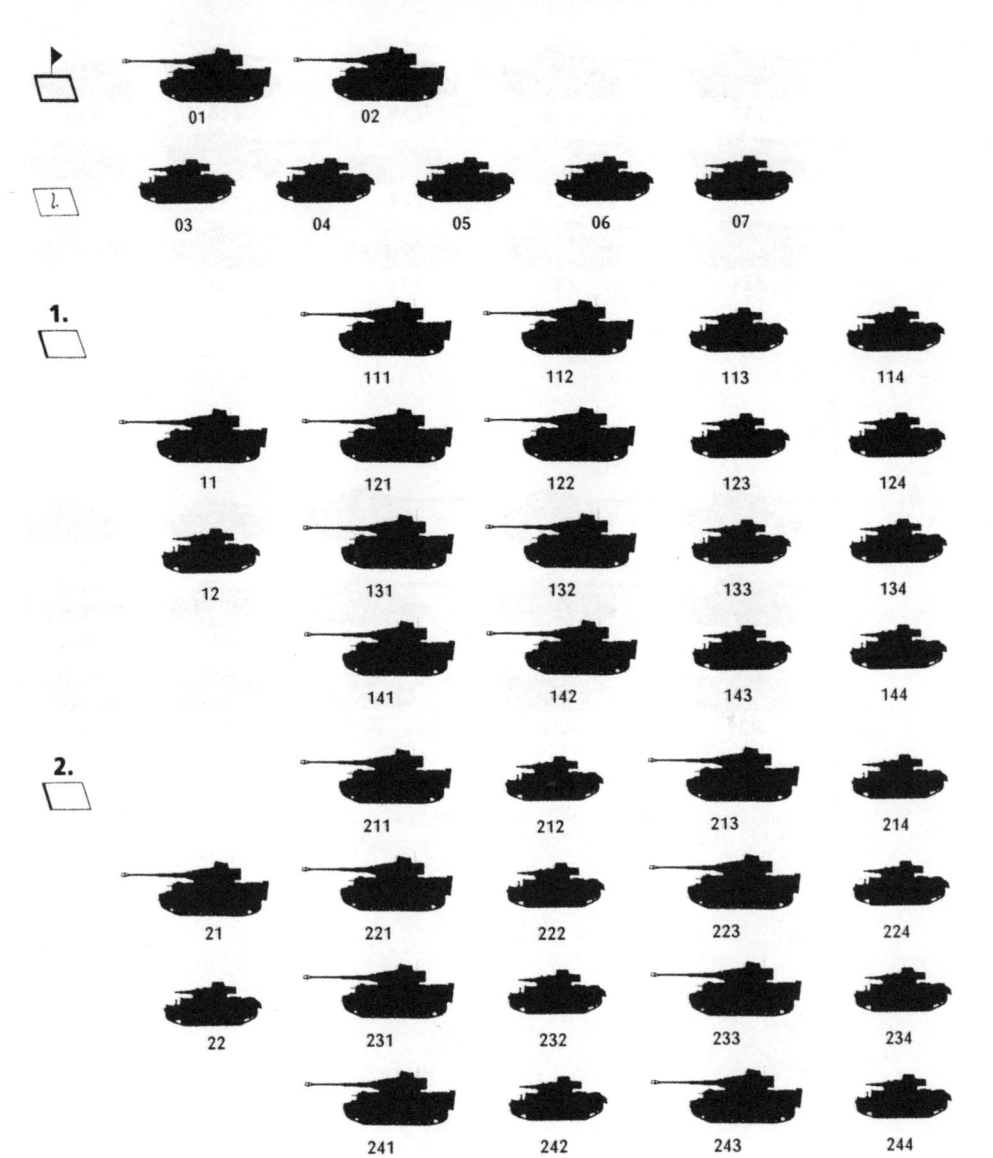

第 1 章　陆军第 501/424 重装甲营

陆军第 501 重装甲营编制序列（1942 年 10 月）

051

虎式坦克 全景战史

第10装甲师第7装甲团第3营编制序列（1943年2月）

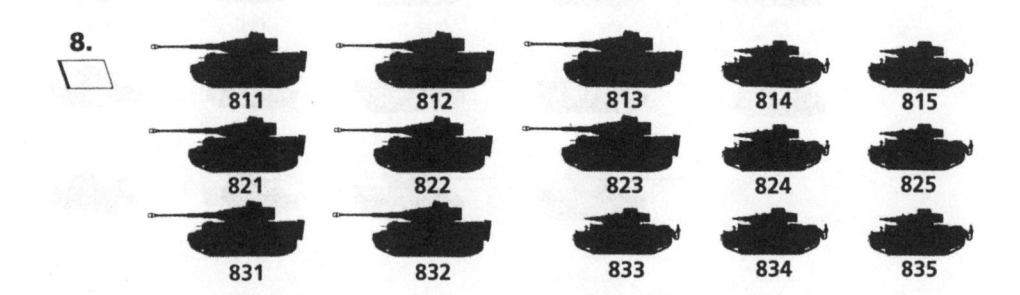

7.

711	712	713	714	715
721	722	723	724	725
731	732	733	734	735

8.

811	812	813	814	815
821	822	823	824	825
831	832	833	834	835

第1章　陆军第501/424重装甲营

陆军第501重装甲营编制序列（1943年11月）

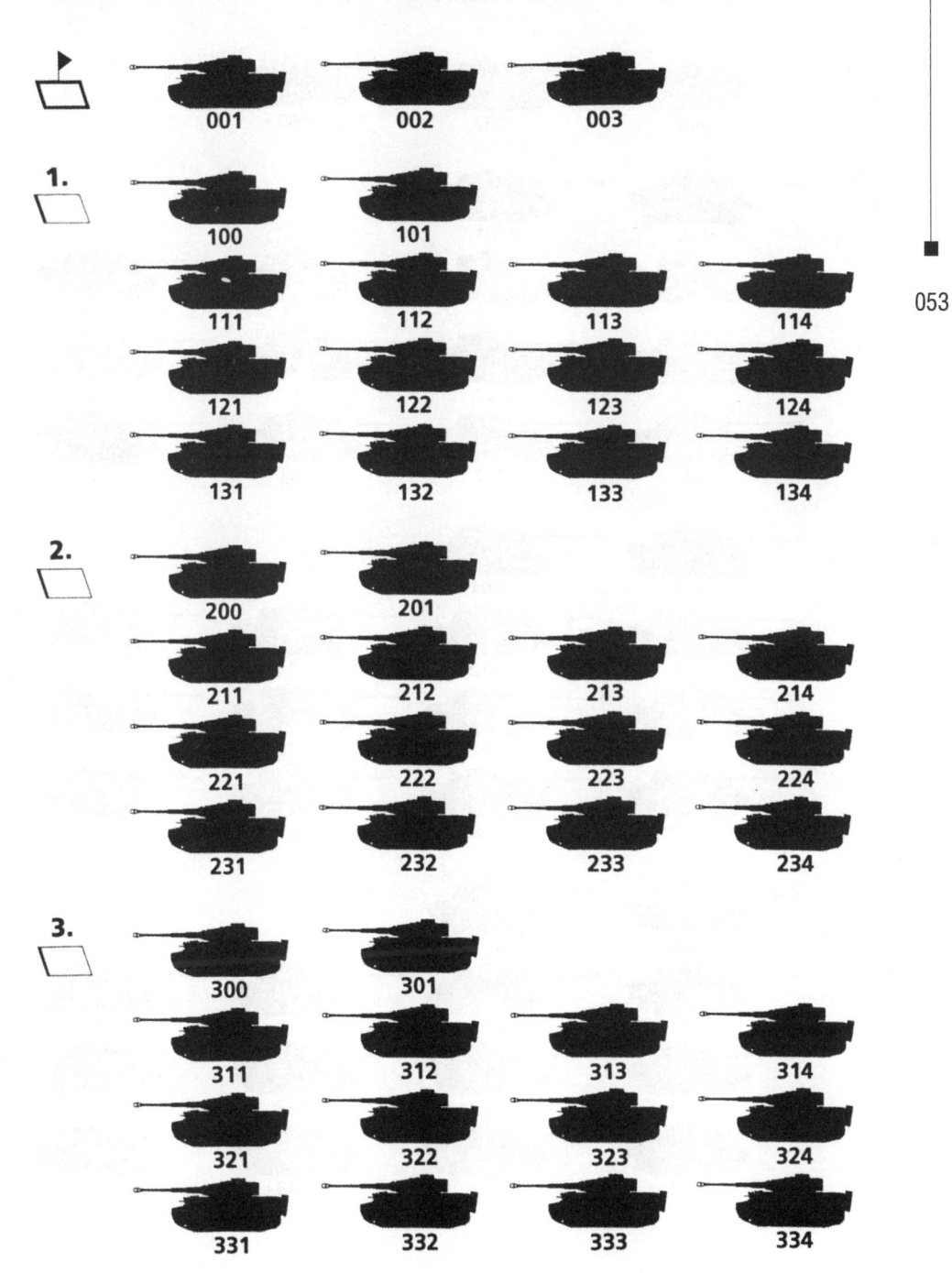

001	002	003	

1.
100	101		
111	112	113	114
121	122	123	124
131	132	133	134

2.
200	201		
211	212	213	214
221	222	223	224
231	232	233	234

3.
300	301		
311	312	313	314
321	322	323	324
331	332	333	334

虎式坦克 全景战史

陆军第 501 重装甲营编制序列（1944 年 8 月）

001　002　003

1.
100　101
111　112　113　114
121　122　123　124
131　132　133　134

2.
200　201
211　212　213　214
221　222　223　224
231　232　233　234

3.
300　301
311　312　313　314
321　322　323　324
331　332　333　334

第1章 陆军第501/424重装甲营

※ 上图 摄于1942年8月，这是第501重装甲营获得的第一批虎式坦克中的两辆，此时两辆虎式刚刚从铁路平板车上卸下。

※ 下图 摄于1942年10月，这是第501重装甲营获得的第二批8辆虎式坦克中的一辆，该营官兵正在铁路平板车上除去覆盖在坦克上的帆布，准备将虎式卸车。虎式坦克作为一种新型武器，德军对其采取了严格的保密措施，在运输途中用帆布遮盖得严严实实，密不透风。

虎式坦克 全景战史

※ 上图 是已经从铁路平板车上卸下来的虎式坦克，车身表面非常整洁平整，浑身上下都透着新车的气息，并且带有虎式坦克初期型的外观特征，比如车体前部上层两侧各有一盏车灯，在车首球形机枪座两侧预留的安装护罩的螺栓等，其车体侧面还尚未安装裙板，注意在车首左侧地上放有一只木箱，里面装有虎式坦克的维修工具。

※ 虎式坦克在运输时安装的是窄幅履带，其宽幅作战履带也随同坦克运抵部队。下图为第501重装甲营的士兵操纵起重机将作战履带从平板货车上吊运下来。

第1章 陆军第501/424重装甲营

※ 由于在1942年时虎式坦克产量不足，最初组建的重装甲营都混编了虎式和三号坦克，第501重装甲营也不例外。上图为该营的一个三号坦克车组在座车上合影，他们驾驶的是一辆三号N型坦克，装备一门短身管75毫米坦克炮。

※ 下图　拍摄于1942年11月20日，第501重装甲营第1连的坦克正在意大利雷焦港登上渡船，从海路前往突尼斯。注意正在上船的这辆虎式其前车灯被移到车体正面两侧，以防止炮塔旋转时火炮与车灯碰撞。此外在码头上还有一辆三号和一辆虎式正等待登船，近景处左侧是渡船上安装的四联装20毫米机关炮。

虎式坦克 全景战史

※ 本页的三幅照片　均拍摄于1942年11月20日第501重装甲营第1连在雷焦港登船前往突尼斯期间，从不同的角度展现了该营第1连第1排的112号虎式坦克登船的情景。上图是正在驶入货舱的112号车，其中一些细节特征非常值得注意：在车体正面用粉笔写有数字12，表明该车是第12辆登船的车辆，而车首上装甲右侧还能辨认出底盘序列号250012，说明该车是第12辆制造完成的虎式坦克，加上车辆编号112（如左下图所示），三个数字之间形成了一种奇妙的巧合；此外，从上图中可以观察到炮塔顶部叠放着一些板材，推断为虎式坦克的侧裙板。下两图从右后方及后方拍摄正在登船的112号车，无论是登船还是下船，都是对驾驶员驾驶功力的考验，必须极为小心谨慎。从右下图中我们可以清楚地看到虎式坦克车体后部的细节特征和装备布局，由于准备开赴高温多尘的北非战场，第501营的虎式坦克均安装了空气滤清器，即位于车尾两侧有管道相连的两对圆柱形装置，在左侧滤清器下方是火炮维修工具箱，在右侧滤清器下方则是15吨绞盘，最为奇特的是在两个排气筒的下方还挂有两块备用履带板。从下面两幅图片中还可以看到，在海运时虎式坦克安装的是宽幅的作战履带，而没有更换窄幅的运输履带。

第 1 章 陆军第 501/424 重装甲营

※ 上图及下图　是抵达了突尼斯的第501重装甲营第1连的142号虎式。

虎式坦克 全景战史

※ 上图及下图　可能是摄于1942年12月18日，第501重装甲营第1连的坦克纵队前往马努巴途中的留影，上图中正在桥上行驶的是112号虎式，下图中也开到了桥上的是111号虎式。

第1章 陆军第501/424重装甲营

※ 上图 是第501重装甲营轻型排的士兵们在为三号N型坦克补充7.92毫米机枪弹药，注意在三号坦克车体正面一角有一个伏虎图案，那是第501营的营徽，在三号坦克炮塔顶部还装有备用履带。

※ 在盟国掌握空中优势的北非战场上，对坦克装甲车辆的伪装是一项不容马虎的工作，下图中这位第501重装甲营的坦克兵正忙于为132号虎式坦克覆盖伪装网，可见坦克炮管上已经缠满了伪装网、帆布等伪装物。

虎式坦克 全景战史

※ 上图　是在一次与盟军部队的战斗之后，第501重装甲营第1排的113号车（三号坦克）拖着一门缴获的反坦克炮凯旋回营，注意这辆坦克将车辆编号绘制在炮塔储物箱背面，在车尾左侧还有一个十字徽。

※ 下图　是第501重装甲营第1连第4排的141号虎式坦克在某次战斗之前的留影，这辆坦克是第4排排长座车，在炮塔上聚集着几个人，可能是排长在向手下的车长们布置任务。

第1章　陆军第501/424重装甲营

※ 上图　是第501重装甲营工兵排装备的轻型汽车，在车上架设有两挺MG 34型机枪作为自卫武器，并载有油桶和工具，在车后还挂有一辆小拖车，车体侧面的字母"Pi"表示工兵，由于缺少SdKfz 251型半履带装甲运兵车，第501营的支援单位主要装备轮式车辆。

※ 下图　是在一辆抛锚的三号坦克旁边，第501重装甲营工兵排的工兵们在搬运石块，以修补泥泞的路面，便于坦克通行，清除地雷和修复道路是重装甲营工兵排最主要的任务。

虎式坦克 全景战史

※ 上图 是第501重装甲营第1连的两辆虎式坦克通过旷野中的一座小桥，沿着公路向远方行进，在路旁几名正在休息的德军士兵目送着这些钢铁战车，近景处是他们的行囊、背包和电台。图中行驶在前面的是121号虎式，行驶在后面的是131号虎式，注意131号的左侧缺失了一只外侧负重轮。由于北非战场上虎式坦克的负重轮供应短缺，在战斗中因触雷而失去负重轮的虎式坦克往往像131号车一样带伤坚持战斗，甚至因为缺少负重轮而无法修复，最后报废。

※ 下图 是第501重装甲营的122号虎式坦克在某次战斗之前与负责支援的步兵进行协调，注意在坦克前方的地面上放有一挺MG 34型机枪。尽管虎式坦克十分强大，但是在战场上失去步兵的配合常常会陷入险境。

第 1 章 陆军第 501/424 重装甲营

※ 上图 是在1943年1月18日的战斗中被地雷炸断了两条履带的第501重装甲营第1连的122号虎式坦克，只能在原地等待修理，注意车体正面右侧有一个敌军炮弹造成的凹坑。在1943年的北非战场上，盟军的大部分反坦克武器都无法从正面对虎式坦克造成致命威胁。122号虎式最后被拆掉了所有可用的零件而原地废弃。

※ 1943年1月22日脱离战斗时，第501重装甲营第1连121号虎式坦克被一发炮弹击中导致爆炸而焚毁，德军后来将其炮塔拆走，车体则被遗弃。下图是盟军后来拍摄的该车车体残骸。

虎式坦克 全景战史

※ 上图 是在广袤的突尼斯荒野中，一辆挂有拖车的半履带装甲车跟随着131号虎式向远方行进，值得注意的是，这辆半履带车是美制M3型装甲车。第501重装甲营在与美军部队的初次交战中缴获了不少M3型半履带装甲车，全都纳为己用，以弥补支援部队装甲车辆的不足。

※ 下图 是第501重装甲营第1连第4排的141号虎式坦克，在其后方还有一辆三号N型坦克。在北非作战的第501营的虎式坦克有一个很明显的外观特征，就是安装在车体正面两侧的前车灯，在坦克交付部队时，是安装在车体前部上方位置，为了避免炮塔旋转时火炮与车灯碰撞，于是将车灯转移到车体正面。

第1章　陆军第501/424重装甲营

※ 上图　一群坦克兵们忙活着为141号虎式坦克修复断开的履带的同时，一头当地人的单峰驼在旁边仰首旁观，似乎在嘲笑这头瘸腿的"老虎"："小样儿！别看你钢筋铁骨，尖牙利齿，在沙漠上还是不如我耐用！"注意这辆虎式坦克在进行抢修时已经完成了伪装。

※ 下图　是第501重装甲营维修连的士兵们正用一座移动门式起重机将112号虎式坦克的炮塔吊起，以便对车体内部设备进行维修。通常在坦克传动轴或悬挂扭杆装置损坏时都要进行炮塔吊起作业。

虎式坦克 全景战史

※ 上图 是第501重装甲营防空排装备的37毫米自行高射炮及其炮组成员，重装甲营防空排在初期主要装备半履带式自行高炮，主要包括四联装20毫米机关炮和单装37毫米高射炮两种。图中这门Flak 36型37毫米高射炮安装在一辆3吨半履带卡车上，炮组成员有7人，其中一人手持测距仪，在作战时火炮周围的挡板会放平，形成扩大的火炮平台。值得注意的是这幅照片中炮组成员的防毒面具整齐排列在平台边缘上。

※ 第501重装甲营的轻型车辆上也绘有营徽，左图就显示了营部连的一部车辆侧面的营徽，在伏虎标志下方还有一个带有字母St的平行四边形标志和一个字母P，平行四边形为装甲部队的战术符号，St表示营部连，而P表示工兵，由此可知这部车辆属于营部连工兵排。

第1章　陆军第501/424重装甲营

※ 在沙漠地区作战时，沙尘是虎式坦克遭遇的一个头疼的问题，第501重装甲营的维修人员要抓紧一切时间对坦克的空气滤清器进行清理和修复，确保坦克的正常运行。上图是维护中的第501营营部的02号虎式，中央的那位德军士兵望着手中一节已经损坏的空气滤清器软管若有所思，他身旁的战友则专心致志地进行工作，制服上污迹斑斑，他们身后另一名士兵正在用餐。

※ 下图　是第501重装甲营轻型排排长科达尔少尉站在本排的07号坦克上，轻型排一共辖有5辆三号N型坦克，主要执行侦察任务，在虎式坦克作战时给予火力支援，压制敌方步兵。

虎式坦克 全景战史

※ 1943年1月，第501重装甲营第2连也抵达突尼斯，上图为该连的241号虎式（前）和243号虎式沿公路从港口开赴前线，通过几个特征可以将第2连的虎式坦克与先前抵达的第1连的虎式区分开来，首先其两盏前车灯仍按照出厂时的配置安装在车体前部上方，其次是在车体正面两侧或车首下位置加挂备用履带板，第2连的大部分虎式都采取了这种防御强化措施。值得注意的是，这两辆虎式坦克都在炮塔顶部整齐堆放了大量汽油桶，从下图的243号虎式上看至少携带了20个备用油桶，对于虎式坦克这种名符其实的"油老虎"来说，在进行远途公路行军时以这种方式携带备用燃料是极其必要的，但是仅限于相对安全的后方地区，在战区是绝对禁止的。

第1章　陆军第501/424重装甲营

※ 上图　是第501重装甲营第2连第4排的241号虎式坦克正通过一道缓坡驶上公路，注意其炮塔侧面的车辆编号尺寸很大，前车灯仍然安装在车体前部上方，在车体正面及车首下位置都挂有备用履带，炮塔顶部的油桶表明此照与前页的两幅照片摄于同期。

※ 下图　可能也是摄于1943年1月初，刚刚运抵北非的第501重装甲营第2连正赶往前线，图中行驶在桥上的是223号虎式。

虎式坦克 全景战史

072

※ 这三张照片都是在1943年1月31日的"信使二号"行动中损失的第501重装甲营第2连的231号虎式。上图及左图是英军在当天的战斗之后趁德军不备前来勘察时拍摄的，下图是德军工兵在夜间将其爆破之后所剩的车体残骸。

第 1 章　陆军第 501/424 重装甲营

※ 摄于"牛头"行动前后。上图是第7装甲团第3营第8连（第501营第2连）的813号虎式在两辆18吨半履带牵引车的帮助下前往维修场，从这个场景的另一个角度拍摄的照片我们已经在第20页展示过。下图这辆虎式的炮塔编号尽管只能看见一部分，但经研究者确认，它是第7装甲团第3营第8连（第501营第2连）的823号虎式，此时它正开足马力前进。

虎式坦克 全景战史

※ 上图及中图　是第7装甲团第3营（第501营）在1943年2月28日因触雷和英军的猛烈炮击下瘫痪的7辆虎式之———11号虎式。3月1日，德军将无法回收的它们全部爆破，这两张照片都是由盟军拍摄，图中可见11号虎式车体的上层已经被炸飞，而飞起的炮塔又落到了残存的车体上，从而形成了一个奇怪的形态，仿佛它仍可伺机发射致命的炮弹，但实际上已只是一堆残骸。

※ 下图　是第7装甲团第3营（第501营）在1943年3月1日自爆的7辆虎式之———142号虎式的炮塔。

第 1 章　陆军第 501/424 重装甲营

※ 上图及下图　是第7装甲团第3营（第501营）在1943年3月1日自爆的7辆虎式中的另外两辆——823和833号虎式。由于1943年2月26日第501营第1连和第2连才刚分别被编为第7装甲团第3营第7连和第8连，因此这些虎式坦克还没有来得及全部更改炮塔编号，所以这7辆虎式中既有老编号又有新编号，823号是之前501营第2连的223号，833号是之前第501营第2连的233号。

虎式坦克 全景战史

※ 1943年3月4日，损失惨重的第7装甲团第3营（第501营）又进行了重组，将两个连合并为一个第7连，此时幸存的虎式坦克为11辆，原先第8连8字头的虎式也都被更改编号成为了7字头。上图摄于1943年4月，这时第7装甲团第3营（第501营）又被并入了第504重装甲营，但是车号依旧没有改变，这是724号虎式，它也是最早的第501营第1连的112号车。这辆坦克显然经历了连番苦战，车首灯和左侧的一只外负重轮都不翼而飞，在炮塔防盾正面还有被炮弹命中的痕迹，在炮管前端绘有6道白色击杀环，表明它已经在战斗中击毁了6辆敌军坦克。下图也是摄于1943年4月，这是732号虎式，也是最早的第501营第1连的132号车。

第 1 章　陆军第 501/424 重装甲营

※ 1943年4月21日，已经并入第504重装甲营的原第501重装甲营的712号虎式坦克中弹，炮塔被卡住，车组因此弃车，该车被英军缴获后运至迈努拜，接着被运往美国，现保存在阿伯丁装甲兵与骑兵博物馆。上图是一名美军士兵在该车上体验。该车在运往美国时炮塔被拆了下来单独运输，下图为拆下来的炮塔侧面细节，可以看到数字7下面隐约可见一个数字8，说明原来的车号是8开头，也就是说该车最早来自第501重装甲营第2连。

虎式坦克 全景战史

※ 上图 是1943年12月10日，第501重装甲营第1连的111号虎式坦克运抵东线后在比亚韦斯托克附近进行履带更换作业，从图中可以看到左侧的外负重轮已经安装完毕，但窄幅运输履带尚未卸下，而一群士兵正在合力将宽幅作战履带在坦克前方展开。注意这辆虎式坦克将车辆编号写在炮塔储物箱背面，并且很可能安装了单车首灯。

※ 1943年秋季，第501重装甲营被重建，随后开赴东线作战，右图就拍摄于该营在东线的一处后方维修营地，一排虎式坦克的外负重轮被平放在泥泞的地面上。有趣的是每只负重轮上都在一块清除污泥的空白位置上写有编号，距离镜头最近的这只负重轮上写有"14L4"，其中14表示第1排4号车，L表示为左侧负重轮，4表示左侧第四只负重轮，这样做是为了防止重新安装时搞错位置，因为虎式坦克的负重轮是严格按照顺序安装的。

※ 下图 是上图的另一个角度拍摄，照片右侧是一辆采用重型半履带牵引车底盘的机动吊车，这种辅助车辆在救助和维修虎式坦克时非常有用。

第1章　陆军第501/424重装甲营

※ 在冬季的东线战场上，大多数德军装甲车辆都要涂以白色伪装，以适应冰雪覆盖的战场环境。上图摄于1943年12月底，这辆第501重装甲营第1连的132号虎式坦克也不例外，不过该车的白色涂装已经显得相当肮脏。注意炮塔侧面的车辆编号并未被涂白，与车体颜色形成了鲜明对比，透过涂装还能发现这辆坦克敷设了防磁涂层。

※ 下图　摄于1943年底或1944年初，第501重装甲营第1连连部的101号虎式坦克坚守在一处城镇外的防御阵地内，注意其车体周围缠绕着稀疏的铁丝网，以防止在近战中苏军步兵攀爬到车体上；此外这辆坦克车身上已经敷设了防磁涂层，并且安装了新型指挥塔，车辆编号绘在炮塔储物箱背面，炮塔侧面挂有备用履带。

虎式坦克 全景战史

※ 上图 摄于1943年12月抵达维帖布斯克后,第501重装甲营在一处城镇中集结待命,图中可见112号虎式坦克停在一栋木屋旁,车体已经涂以白色冬季伪装,炮塔侧面还加装了备用履带;远处还有另一辆虎式和一部后勤卡车,背景中被炮火损坏的教堂和残垣断壁透露出浓重的战场氛围,地面上皑皑白雪显示出与该营先前战斗的北非热带战场截然不同的特征。

※ 1943年12月23日,第501重装甲营营长勒韦少校在战斗中失踪,后被追授橡叶饰,为了纪念这位指挥官,德军将在战线后方修建的一座桥梁命名为"勒韦桥"。下图为1944年3月21日该桥竣工通车时,第18集团军司令林德曼大将(图中坦克上头戴大檐帽者)站在第501重装甲营的111号虎式坦克上通过该桥,冒着漫天风雪前往前线视察部队。在照片右侧的木牌上写有桥梁的名称、建造单位和工期,可见该桥建造于1944年2月1日至3月21日。

第 1 章　陆军第 501/424 重装甲营

※ 1944年3月12日，第501重装甲营奉命参加"胡贝图斯"行动，配合第256步兵师发起进攻。上图及下图均拍摄于行动前夕，第501重装甲营在集结地域与第256步兵师的步兵们会合，上图左侧是223号虎式，右边可见两辆来自其他部队的四号坦克，所有坦克都涂以白色冬季伪装，大部分参战的步兵也身穿白色伪装服。尽管已经是3月初，但俄国前线依然冰封雪盖，十分寒冷。下图是完成集结的德军部队奉命开赴进攻发起地点，右边这辆已经启动的虎式坦克车号至今不明，其车身上搭载着大量随行的步兵，他们的身后是224号虎式，它似乎尚未做好出发准备，在远处还可以看到第三辆虎式，当时由于缺乏配件，第501重装甲营的可用兵力仅有额定编制的约三分之一。经过两天的战斗，"胡贝图斯"行动取得了成功，包围并歼灭了苏军一部。

虎式坦克 全景战史

※ 行动间隙，第501营在一片雪地中开饭，前景为314号虎式，远处是134号虎式。

※ 在冬季，虎式坦克的白色伪装涂装要多次反复涂绘，有时为了图省事，车组乘员甚至将车体侧面的十字徽和炮塔侧面的车辆编号也一股脑地覆盖了，正如下图第501重装甲营的132号虎式，在车身上看不到任何识别标志，此时它正在公路上快速行驶，炮口罩也已经取掉，看来已经处于战斗状态，或许正奉命前往某处阵地救急吧。

第 1 章　陆军第 501/424 重装甲营

※ 对于第501重装甲营的士兵们来说，虎式坦克是战地生活的重要组成部分，不仅是他们的战斗工具和庇护所，甚至还被当作理发馆。上图中一位坦克兵坐在虎式坦克的炮管上，由战友帮其理发，而另一位士兵坐在炮塔上为他拿镜子。

※ 在战斗中，重装甲营的虎式坦克经常被分散配属至步兵阵地上，协助步兵抵御进攻，稳定防线。下图是德军前沿的一处机枪火力点，三名德军步兵守在一座散兵坑内，操纵一挺MG 42型机枪，在他们身后不远处一座损坏的农舍旁停着一辆第501重装甲营的虎式坦克，犹如一座移动火炮碉堡，为步兵们提供最强有力的火力支援，不过这种分散配置的部署方式降低了虎式坦克的作战效能。

虎式坦克 全景战史

※ 上图 是第501重装甲营的231号虎式在战斗,坦克旁的雪地上散落着十几个空炮弹壳,看来它已经在此进行了连续射击。从战术角度考虑,车长应该选择转移阵地,因为他在此停留时间太长,很可能被苏军炮兵锁定位置并遭到炮击。

※ 下图 是第501重装甲营的301号虎式在行驶过程中跑偏,不慎侧倾在公路路堤上,正准备由一辆18吨半履带牵引车拖回正途。对于这种50多吨重的钢铁野兽来说,普通的拖曳钢缆是不顶用的,需要使用粗大的拖杆,图中可见一具叉形拖杆已经安装到301号车的车首上。

第1章　陆军第501/424重装甲营

※ 上图　摄于1944年春，第501重装甲营的231号虎式（左近处）和201号虎式（右远处）在荒芜的战场上展开行动，尽管春天到了，但虎式坦克的白色冬季伪装并未去除，由于早春的低温，这项工作有时需要花费数周时间才能完成。

※ 俄罗斯的春天对于重装甲营的士兵们和他们的虎式坦克来说绝对不是一个宜人的季节，遍地的泥泞给他们带来了无尽的烦恼。下图这辆第501重装甲营的301号虎式就深陷泥沼，动弹不得，士兵们忙着铺设木材帮其摆脱困境，注意这辆坦克车尾排气管护罩上的凹陷和弹孔。

虎式坦克 全景战史

※ 在春季去除虎式坦克的白色伪装时，有时也会破坏车身的原有涂装。上图中是第501重装甲营第1连的一辆虎式，编号不明，其车组成员从维修连那里借来了喷枪，为座车重新喷涂合适的涂装。

※ 下图 是第501重装甲营第3连313号虎式坦克的两名车组成员坐在车上享受春季煦暖的阳光，他们的座车周围堆放了一些树枝作为伪装。注意这辆坦克没有安装外负重轮，这是故意为之，在春季的东线战场上，虎式坦克通常会将前两对外负重轮拆除，便于清理履带上的淤泥。

第1章　陆军第501/424重装甲营

※ 左图　摄于1944年四五月间，第501重装甲营的一辆虎式坦克在后方地域进行休整和维修，图中可见车组成员对车身堆放了大量树枝、木板、破布甚至破碎的门窗，作为伪装措施；这辆坦克敷设有防磁涂层，安装了单车首灯，炮管上绘有7道击杀环，看来也是久经战阵。

※ 下图　摄于1944年初夏，第501重装甲营的几名坦克兵在一座农舍旁的空地上开怀畅饮，在他们身后是一辆经过良好伪装的虎式坦克，如果不仔细观察几乎难以发现。对这些年轻士兵来说这可能是生命中最后的欢愉时光，在即将到来的苏军大规模攻势中，第501重装甲营再次全军覆灭，被迫重建。

虎式坦克 全景战史

※ 1944年7月，第501重装甲营在奥尔德鲁夫训练场第二次重建，并换装虎王坦克。上图为该营第3连333号虎王的车组成员们在他们的新座驾前合影留念，中间身材高大的车长在右肩上佩戴着新获得的射击饰绪。

※ 下图 是第501重装甲营第3连333号虎王的车组成员们坐在炮塔上挥帽欢呼，这幅照片中有一个很有趣的细节，注意这辆虎王坦克的车首前端，两个拖曳挂钩已经被安装在车首的拖曳环扣上，为了便于在战场上进行紧急回收，很多虎王坦克在战斗前夕就把拖曳挂钩安装到位。

第 1 章　陆军第 501/424 重装甲营

※ 上图　是1944年8月13日的战斗中被苏军缴获的第501营第2连第3排234号虎王。

※ 下图　也是1944年8月13日的战斗中被摧毁的第501营102号虎王，这张照片说明事实上第501营第2连和第3连在8月5日动身时，有第1连的车辆跟随着一起走了。

虎式坦克 全景战史

※ 上图 为1944年9月第501营第3连的一辆虎王坦克在凯尔采附近集结地域的留影，维修人员刚刚利用这辆坦克炮塔侧面的一块备用履带板修好了断开的履带。注意炮塔侧面空出来的履带挂钩，而被换掉的破损履带板被丢弃在坦克车首下方的地上。

※ 在战场上，德军重装甲营很难获得隐蔽良好且设施齐备的维修场所，很多情况下受损坦克只能在露天条件下进行维修，比如下图中第501重装甲营第3连的314号虎王坦克及另一辆坦克停在开阔地上接收修理，非常暴露，容易被敌军发现并遭到火力袭击。

第 1 章　陆军第 501/424 重装甲营

※ 上图　摄于1944年12月，第501重装甲营的两辆虎王坦克在苏军巴拉诺夫桥头堡附近的集结地隐蔽待机，车组成员在坦克上方搭建了屋脊形木架，并铺以大量植被作为伪装。从照片背景中可以判断这里可能是一处山谷，而这样的地形并不利于坦克作战，在战争中德军指挥官往往将重型坦克部署到恶劣地形上，限制了其战斗力的发挥。

※ 下图　是第501重装甲营的一辆虎王坦克进行战地抢修的珍贵照片，维修人员利用架设在炮塔顶部的一个简易起重吊臂将沉重的引擎盖板吊起移开。在虎式后期型和虎王坦克的炮塔顶部都增加了用于架设简易吊臂的基座，这项改进极具实战价值，使得维修人员不必借助吊车就能对受损引擎进行检修。

虎式坦克 全景战史

※ 第424重装甲营在1945年1月12日迎来了最后一次重大战役行动,全力抵抗苏军发动的大规模进攻。上图为该营第3连的一辆虎王向逼近的苏军坦克群开火。

※ 下图 是被遗弃在利苏夫镇附近的第424重装甲营第1连111号虎王的残骸。在1945年1月13日的反击战中,该车在两条履带被炸断、无法移动的情况下击毁了20辆苏军坦克,最后被车组成员自行炸毁。

第1章　陆军第501/424重装甲营

※ 上图　是1945年1月13日的反击战中因发生了故障而弃车自爆的第424重装甲营第3连324号虎王。

※ 下图　是1945年1月13日被苏军的IS-2坦克击毁的第424重装甲营第3连311号虎王，可以看到它已经冲到一个苏军的重机枪阵地上，远处还可以看到一辆突击炮残骸。

第2章 陆军第502/511重装甲营

Schwere Panzer-Abteilung 502 / 511

陆军第502重装甲营组建于1942年5月25日，其第一批成员来自第35装甲补充营，他们在5月底抵达班贝格，成为第502重装甲营的起家班底。首任营长是里夏德·梅克尔（Richard Märker）少校。

1942年7月28日：第502营进驻法灵博斯特尔。

1942年8月5日：营长里夏德·梅克尔少校到任。

1942年8月19—20日：首批4辆虎式坦克交付，首先编成第502营第1连，这些新型坦克存在很多技术问题，必须在工厂派出的技术人员的协助下才能维持行动能力。

1942年8月23日：第502营第1连的4辆虎式和数辆三号坦克、营部连以及维修连的半数人员装备在汉诺威（Hanover）乘火车前往东线，准备对虎式坦克进行实战检验。

1942年8月24日：军列抵达施耐德穆尔（Schneidemühl，今波兰皮瓦），并继续东行，横穿东普鲁士。

1942年8月26日：第502营在蒂尔西特（Tilsit）略作休息，随后继续由军列运往米陶（Mitau）。

1942年8月27日：火车经过沃克（Walk）、普斯科夫（Pskow）、摩拉施诺（Morachino）、卢加（Luga）和雅斯特施拉（Jachitschera）等地。

1942年8月28日：火车经过加特契纳（Gatschina）向托斯诺（Tossno）行驶。

1942年8月29日：第502营在姆加（Mga）卸车，所辖坦克奉命以履带行军的方式进入防御阵地，但在开进途中，4辆虎式中有3辆因传动系统故障而抛锚。

1942年9月16日：2辆虎式运抵前线。

第 2 章　陆军第 502/511 重装甲营

1942年9月18日：1辆虎式运抵前线，使第502营的虎式坦克数量达到7辆。

1942年9月21日：第502营的4辆虎式和数辆三号坦克被配属给第170步兵师，于次日奉命在托尔特罗夫（Tortolowo）附近的一片不适合坦克行动的森林里展开攻击，清剿被围的苏军第2突击集团军残部。

1942年9月22日：虎式坦克开始了首次实战行动，在穿过一条公路后，一辆三号坦克首先被击中丧失战斗力，随后一辆虎式也遭到攻击，因为引擎故障而抛锚，其余的3辆虎式也都陷入困境，停滞不前。3辆虎式坦克被德军成功回收，但深入最远的一辆虎式却陷入苏军的火力封锁中，救援人员难以靠近，滞留在战场上，而来自最高统帅部的严令禁止前线部队将其炸毁，只能严密监视，防止苏军将其缴获。

1942年9月25日：第502营的更多装备和物资从后方运抵前线。

1942年9月30日：第502营重新部署到托斯诺，该营的可用兵力为6辆虎式、18辆三号N型和7辆三号L型。

1942年10月15日：第六列运送第502营装备的军列从帕德博恩出发，运载了2辆虎式。

1942年10月26日：第六列军列抵达戈里（Gory）卸车，第502营保有的虎式坦克数量增加到9辆（含滞留在前沿的一辆）。

1942年11月21日：营长梅克尔少校不得不向元首大本营报告了虎式坦克首次实战的尴尬情况，随即遭到解职，由阿图尔·沃尔施莱格（Artur Wollschläger）上尉接替其职务。

1942年11月25日：在9月22日深陷泥沼的那辆虎式终于被德军自行炸毁，第502营保有的虎式坦克数量下降至8辆。

* * *

1942年9月：第502营第2连在帕德博恩编成，其人员来自第1装甲师第1装甲团和第4装甲师第35装甲团。

1942年9月25日：第502营第2连接收了第一批2辆虎式坦克。

1942年10月13日：第2连所属的2辆虎式被转调给第1连，两天后装车运走。

1942年12月21—28日：第502营第2连接收了9辆虎式坦克。

1942年12月27—29日：第502营第2连的人员和装备陆续在法灵博斯特尔装上火车，向东线开拔，但其目的地并非第1连所在的东线北段沃尔霍夫（Wolchow）地区，而是准备配属给东线南段的顿河集团军群，当时第2连的编制为两个装甲排，每排辖4辆虎式和5辆三号，此外还有一个维修排和一个补给排。

1943年1月5—6日：第502营2连在普罗勒塔尔斯卡亚（Proletarskaja）卸车。

1943年1月7日：第2连奉命配属第17装甲师，并向库贝尔列（Kuberle）地区的桑格尔（Ssungar）前进，需要进行长达107公里的公路行军，由于每前进20公里就进行一次检修，一路上虎式坦克没有出现任何技术故障。

1943年1月8日：第2连与第39装甲团的一个连在奥瑟尔斯奇耶（Osserskij）、尼什（Nish）和塞勒博亚克夫卡（Ssereb Jakowka）一线发起反击，击毁了2辆坦克和8门反坦克炮。

1943年1月9日：在伊洛瓦奇耶（Ilowakij）附近的战斗中，第2连的虎式坦克再次击毁了5门反坦克炮，随即又向布拉茨奇耶（Bratskij）展开突袭，在战果记录中又添加了2门反坦克炮。第2连随后撤回普罗勒塔尔斯卡亚。

1943年1月10日：在布德耶尼（Budjenny）附近的防御战中，第2连又取得了如下战果：1辆KV-1、3辆T-34、7辆T-60和2门反坦克炮。当日，该连可用兵力为3辆虎式和6辆三号，并配属第16装甲掷弹兵师。

1943年1月14日：数辆虎式奉命掩护第16装甲掷弹兵师从新萨德科夫斯奇耶（Nowo Ssadkowskij）至科马洛夫（Kamarow）一段3公里长的战线上撤退，完成任务后于次日返回普罗勒塔尔斯卡亚归建。

1943年1月16—17日：第2连的三号坦克群奉命掩护斯塔林斯齐（Stalinski）至普德（Pud）一线阵地，随后接到转移至罗斯托夫（Rostov）的命令。

1943年1月22日：第2连抵达罗斯托夫，在此并入第503重装甲营，成为该营的第3连。

* * *

1942年12月1日：第502营营部连一部部署到姆加，并向戈里前进。1辆三号坦克起火燃烧并发生爆炸，其余兵力在柯尔克洛沃（Kelkolowo）附近执行零星的掩护任务。

1943年1月3日：第502营第1连可用兵力为7辆虎式、7辆三号N型和9辆三号L型。

1943年1月10日：第502营第1连可用兵力为7辆虎式、3辆三号N型和7辆三号L型。

1943年1月12日：苏军主力部队向什利谢利堡（Schlusselburg）和利普卡（Lipka）之间的瓶颈地带展开攻击。

1943年1月13日：第502营第1连（4辆虎式、8辆三号）与第96步兵第283掷弹兵团一道向格洛多克（Goro-Dok）发动反攻，摧毁了12辆T-34。

1943年1月15日：第502营第1连连长冯·格特尔（von Gerdtell）中尉在战斗中阵亡。

第 2 章　陆军第 502/511 重装甲营

1943年1月16日：苏军包围了什利谢利堡。

1943年1月17日：第502营的2辆虎式和1辆三号被配属给第227步兵师。

1943年1月18日：什利谢利堡的被围部队奉命突围，向由辛加芬诺（Sinjavino）攻击前进的解围部队靠拢，在战斗中第502营击毁7辆苏军坦克，但其1辆虎式和4辆三号被苏军反坦克火力摧毁。由于驾驶员操作失误，第1连连部的100号车陷入泥沼中熄火，未加破坏即行遗弃，结果完整地落入苏军手中。此次战斗结束后，第502营第1连损失5辆虎式，其中2辆自毁，保有虎式坦克数量仅剩3辆，该营剩余的坦克被配属给党卫军"警察"师。

1943年1月20日：第502营第1连可用兵力为1辆虎式、2辆三号N型，另有4辆三号L型尚在修理。

1943年1月24—27日：救援人员经过三天的努力，将一辆陷在姆加以北6公里莫伊卡溪（Moika Creek）岸边的一辆虎式成功回收。第502营第1连的兵力在随后几天里部署在辛加芬诺附近，有5辆三号L型和7辆三号N型失去行动能力，3辆虎式中仅有1辆能够战斗。

1943年1月31日：1辆虎式在战斗中被击毁，第502营保有虎式数量仅剩2辆。

1943年2月4日：第502营第1连最后一辆可用的三号坦克被击中，失去战斗力。

1943年2月5日：增援到达，3辆虎式补充到第502营第1连，使虎式坦克数量增加到5辆。

1943年2月6日：2辆虎式在辛加芬诺附近的43.3高地支援防御战斗。

1943年2月7日：2辆虎式继续在43.3高地执行掩护任务，1辆三号L型在战斗中被击毁，车组成员全部阵亡。在第一次拉多加湖战役中，第502营第1连一共击毁了55辆敌军坦克，随后重新部署到克拉斯尼博尔（Krasny Bor）地区。

1943年2月10日：苏军开始在科尔皮诺（Kolpino）发动进攻。

1943年2月11日：第502营派出3辆虎式和3辆三号，由迈尔（Meyer）少尉指挥前往支援党卫军"警察"师，挫败了苏军在米施奇诺（Mischkino）发动的一次攻击，击毁了32辆坦克，包括一辆KV-1。

1943年2月12日：苏军再次进攻米施奇诺，又被德军击毁了10辆坦克。

1943年2月13—16日：第502营的兵力被分散到前线各处，执行掩护支援任务。

1943年2月17日：苏军继续在米施奇诺和多尔库斯（Dorkusi）之间实施轮番攻击，第502营的虎式与祖道战斗群（Kampfgruppe Sudau）并肩战斗，坚守米施奇诺。在当天的战斗中，迈尔少尉指挥虎式坦克在几分钟内就击毁了10辆KV-1。

1943年2月19日：第502营奉命配属第24步兵师，支援第102掷弹兵团向切恩（Tschern）至耶切沃（Yschewo）一线发动攻击，但泥泞的地面阻碍了虎式坦克的支援行动，2辆虎式陷入泥沼。

1943年2月20日：4辆虎式坦克抵达托斯诺，第502营的实力上升至9辆虎式。

1943年2月22日：里希特（Major Richter）少校就任第502营新营长，并抵达位于新里斯诺（Novo-Lissino）的营部。为了规避苏军持续的炮击，第502营移驻托斯诺和萨博林诺（Ssablino）。

1943年2月28日：第502营第1连可用兵力为4辆虎式和3辆三号。

1943年3月6日：第502营的数辆坦克配合吉尔战斗群（Kampfgruppe Gier）肃清了辛加芬诺附近的苏军渗透部队。

1943年3月7日：营部及营部连的一部分撤离前线，返回德国，他们将前往帕德博恩完成第502营其余单位的组建工作。留在前线的第1连被配属给第18集团军。

1943年3月9日：第502营第1连可用兵力为4辆虎式和3辆三号。

1943年3月13日：第502营第1连奉命在尼克尔斯克耶（Nikolskoje）保卫一座铁路桥。

1943年3月16日：第502营第1连摧毁了米施奇诺附近的苏军碉堡。

1943年3月19日：第二次拉多加湖战役开始，苏军在科尔皮诺、萨博林诺和克拉斯尼波尔（Krassny Bor）以南发动进攻，在防御战斗中，第502营第1连击毁10辆坦克，当日可用兵力为4辆虎式和3辆三号，战斗持续数日之久。

1943年3月20日：在第502营第1连的阵地前，又有12辆苏军坦克被击毁或失去行动能力。

1943年3月21日：第502营第1连当日击毁18辆苏军坦克，三天内总共取得了40辆毁伤战果。

1943年3月31日：在党卫军"警察"师的防区内，2辆虎式不慎陷入沼泽，难以自拔，最后被迫自行炸毁，第502营保有虎式坦克数量减少为7辆。

1943年4月6日：第502营第1连的出色表现获得了第18集团军司令格奥尔格·林德曼（Georg Lindemann）大将的嘉奖，该连自1月12日以来已经击毁了163辆苏军坦克。

1943年4月10日：第502营第1连可用兵力为5辆虎式和2辆三号。

1943年4月20日：第502营第1连可用兵力为5辆虎式和2辆三号。

1943年4月30日：第502营第1连可用兵力为5辆虎式。

第2章　陆军第502/511重装甲营

1943年5月10日：第502营第1连可用兵力为5辆虎式和3辆三号。

1943年5月20日：第502营第1连可用兵力为6辆虎式、1辆三号L型和2辆三号N型。

1943年6月6日：7辆虎式坦克交付第502营第1连，使该连达到14辆坦克的满编状态。

1943年6月7日：由日本驻德国大使大岛浩中将率领的代表团在西维尔斯卡亚（Siewerskaja）访问了第502重装甲营第1连，这群日本军人仔细参观了虎式坦克，并在此后不久向德国订购了一辆虎式进行研究，但最终未能交货。

1943年6月10日：第502营第1连可用兵力为12辆虎式、1辆三号N型和3辆三号L型。

1943年6月20日：第502营第1连可用兵力为11辆虎式、1辆三号N型和2辆三号L型。

1943年6月30日：第502营第1连可用兵力为11辆虎式、1辆三号N型和3辆三号L型。

1943年7月7日：第502营第1连解除与第18集团军的配属关系，回归本营建制，当日可用兵力为10辆虎式、1辆三号N型和3辆三号L型。

* * *

1943年4月底：在德国国内组训的第502营第2、3连从瑟内拉格（Sennelager）转移至法国布列塔尼（Bretagne）地区，朔贝尔（Schober）上尉指挥的第2连是由第4装甲团第4连改编而成，该连已经有三年的实战经历，于1943年1月开始接受使用虎式坦克的训练，厄梅（Oehme）中尉指挥的第3连则是以第3装甲团第8连为班底。

1943年5月2日：第502营（欠第1连）抵达普洛厄尔梅（Ploermel），营部连进驻当地一座修道院内，第502营第2连以一座城堡为驻地，其余各部进驻城内，拉特克（Radtke）上尉接任第2连连长。

1943年5月19—26日：第502营接收了31辆虎式坦克，其中第2、3连各配置14辆，营部配置3辆（Ⅰ、Ⅱ、Ⅲ号车），连同尚在东线的第1连，第502营在6月初达到45辆虎式的满编状态。

1943年6月26日：装备齐整的第502营主力在普洛厄尔梅登上火车，开始了横穿欧洲大陆，开赴列宁格勒前线（Leningrad Front）的漫长旅程，沿途经过雷恩（Rennes）、勒芒（Le Mans）、凡尔赛（Versailles）、沙隆（Chalons）、巴勒迪克（Bar le Duc）、梅斯（Metz）、萨尔布吕肯（Saarbrücken）、美因茨（Mainz）、富尔达（Fulda）、米尔豪森（Mühlhausen）、北豪森（Nordhausen）、奥得河畔法兰克福（Frankfurt an der Oder）、波兹南（Posen）、托伦（Thorn）、奥尔什丁（Allenstein）、因斯特堡（Insterburg）、蒂尔西特（Tilsit）、里加（Riga）、普斯科夫（Pleskau）、卢加（Luga）、克拉斯诺瓦尔德斯克（Krasnogwardeisk），最后以履带行军的方式抵达萨勒斯（Salesi），历时近两周，最终与第1连会合，第502营在组建一年多后才首次以完整建制出现在战场上。

1943年7月10日：第502营被重新部署到博洛古波卡（Bologubowka），全营有36辆虎式、1辆三号N型和3辆三号L型可以作战。

1943年7月20日：弗里德里希·施密特（Friedrich Schmidt）上尉接任第502营营长，当日可用兵力为36辆虎式、1辆三号N型和3辆三号L型。

1943年7月21日：在苏军发起进攻前，第502营已经进入戒备状态，该营第3连转移至波瑟罗克6号据点（Posselok 6）以西的铁路三角路口集结。

1943年7月22日：第三次拉多加湖战役开始，苏军以猛烈的炮击和空袭揭开进攻的序幕。

1943年7月22—23日：第502营第3连沿公路以履带行军的方式进入第11步兵师和第23步兵师之间的阻击阵地，其间2辆虎式遭敌方火力袭击受损。在两个小时的激烈战斗中，第502营有8人阵亡、22人受伤，1辆虎式全损，连长阵亡，由鲍里斯（Boris）中尉任代理连长。第502营保有虎式坦克数量降至44辆。同日，第2连被运至兹尼戈里（Znigri），配属到第11、23步兵师的防区内。

1943年7月24—25日：第502营第2连的部分兵力在莫伊卡溪以北展开，由茨韦蒂（Zwetti）上士指挥的虎式坦克在支援第121步兵师第407掷弹兵团第3营的战斗中表现出色，摧毁了6座苏军碉堡和13辆T-34，还阻止了苏军缴获2辆受损虎式坦克的行动。在随后几天里，第502营的虎式坦克被分散部署到德军防线各处，甚至以单车作战！由于缺乏步兵的有效掩护和不利的地形条件，虎式坦克常常陷入险境，频繁的机械故障也极大地困扰着虎式坦克车组。

1943年7月31日：第502营可用兵力为18辆虎式、1辆三号N型和3辆三号L型。

1943年8月2日：第502营第2连的一辆虎式陷入战线之间无人地带的泥沼中，被迫自行炸毁，全营保有坦克数量降至43辆。

1943年8月4日：第502营的虎式坦克奉命支援第58步兵师第220掷弹兵团第2营的反击行动，德军部队从姆加附近的铁路三角地带沿一条公路发动进攻。

1943年8月5日：由瓦赫特参谋（Wachter）军士指挥的虎式坦克在支援第58师部

第2章 陆军第502/511重装甲营

队作战时遭遇苏军反坦克部队而被摧毁,第502营保有虎式坦克数量降至42辆。

1943年8月10日:第502营可以作战的虎式坦克数量为13辆。

1943年8月12日:营长施密特上尉拒绝执行上级的错误命令,次日被撤职,任职仅三周,由朗格(Lange)上尉接任营长。

1943年8月20日:第502营可用虎式坦克数量为6辆。

1943年8月31日:第502营可用虎式坦克数量为11辆。

1943年9月:第三次拉多加湖战役结束,苏军未能实现战役目标,第502营在战斗中摧毁了100余辆苏军坦克。

1943年9月5日:第502营第1连转移至托斯诺,第2连部署在切恩诺沃(Tschernowo),其他各部在加特契纳近郊集结待命,该营所有坦克都需要紧急修理和维护。

1943年9月10日:第502营可用兵力为13辆虎式坦克。

1943年9月20日:第502营可用兵力为21辆虎式坦克,1辆虎式被送往后方工厂大修,全营保有虎式坦克数量降至41辆。

1943年9月30日:第502营有26辆虎式坦克可以作战。

1943年10月6日:苏军在北方集团军群和中央集团军群的结合部发动了新的攻势,内维尔(Newel)失守,第502营奉命调往普斯托什卡(Pustoschka),支援德军部队夺回内维尔。

1943年10月8日:第502营途径托斯诺开赴前线。

1943年10月12日:第502营被配属给第122步兵师。

1943年10月14日:在德军攻击准备阶段,第502营的虎式坦克必须涉水横渡舍斯肯卡河(Scherschenka River)才能抵达集结地域,但营长朗格上尉报告称这条河流难以泅渡,随即遭到解职,由第3连连长厄梅上尉代理指挥,实际上舍斯肯卡河对于虎式坦克来说并非严重的阻碍,车身低矮的突击炮也能涉水渡河。

1943年10月15日:第502营的虎式坦克从战线右翼支援第410掷弹兵团夺取了180.3高地,击毁了1辆T-34和1辆喷火坦克,之后该营转向左翼,配属第290步兵师作战。

1943年10月19日:第502营的数辆虎式与第58步兵师的部队一道向内维尔挺进。

1943年10月20日:第502营可用兵力为26辆虎式。

1943年10月22日:第502营的6辆坦克参加了第81步兵师的"黑公鸡"行动(Operation Birkhahn),从拉斯古林诺(Rasgulino)经204高地向184.1高地发动攻击,相继攻克了舍韦洛沃(Schewrowo)和拉库施基(Lakuschki)。

1943年10月23日：德军继续进攻，第502营的虎式坦克负责支援六支攻击纵队中的两支，夺取了拉库施基和西斯切沃（Chischnewo）以南的高地，摧毁了4辆T-34和1辆ISU-122自行火炮。

1943年10月24日：进攻延伸到鲁奇（Lugi）一线的公路，第502营在当日战斗中击毁14辆坦克，2辆虎式坦克勇猛地快速冲过一片雷区。

1943年10月25日：德军向皮肖沃（Pyshowo）挺进，随后进攻米罗诺沃（Mironowo），第502营的虎式又摧毁5辆坦克，协助德军部队夺取了鲁奇。

1943年10月28日：维利·耶德（Willy Jähde）少校出任第502营营长。

1943年10月31日：第502营可用兵力为19辆虎式。

1943年11月4日：第502营第2连卡里乌斯少尉指挥的虎式坦克在罗维克（Lowec）和内维尔支援作战，击毁了10辆T-34。

1943年11月6日：卡里乌斯少尉与来自第3连的迪特马尔（Dittmar）上士一道又击毁了3辆T-34，并支援步兵部队实施了一次果断的夜袭。

1943年11月10日：第502营可用兵力为18辆虎式坦克。当天该营与第58步兵师的奥斯特战斗群（Kampfgruppe Ost）一道在普加施察（Pugatschicha）附近发动反击，封锁由内维尔至普利萨（Plissa）的公路。当天下午又移防阿伦特沃（Aluntewo），在战斗中损失4辆虎式，保有坦克数量降至37辆。

1943年11月16日：第502营与第290步兵师在克拉皮诺（Chrapino）地区协同作战。

1943年11月17日：第502营在瓦斯科沃（Waskowo）附近作战，在瑟格耶策夫（Sergejcevo）附近击毁了4辆T-34。

1943年11月20日：第502营当日可用兵力为16辆虎式。

1943年11月23日：第502营133号车从一座木桥上坠落翻车，炮手阵亡，坦克也很难修复。

1943年11月25日：卡里乌斯少尉指挥的4辆虎式支援第503掷弹兵团对瑟格耶策夫以西的森林地带展开攻击。

1943年11月30日：第502营可用兵力为12辆虎式。

1943年12月2日：卡里乌斯少尉和茨韦蒂上士的2辆虎式在格鲁斯卡（Goruschka）附近执行任务，第1连的122号车不慎陷入泥沼，最终被放弃，第502营保有坦克数量降至36辆。

1943年12月3日：德军继续实施攻击，因为步兵跟进迟缓，第502营只能暂停突击。

第2章 陆军第502/511重装甲营

1943年12月10日：第502营可用兵力为12辆虎式。

1943年12月12日：第502营沿公路履带行军至罗维克，部署在维帖布斯克至内维尔公路附近的掩护阵地上。

1943年12月16日：在一次反击行动中，卡里乌斯少尉的炮手克拉默（Kramer）下士使用坦克主炮击落了一架低空飞行的苏军战斗轰炸机。

1943年12月17日：第502营继续向北进攻，再次因为步兵难以跟随而停顿，德军将2辆缴获的T-34也派上战场，但均被己方反坦克炮当作敌方目标击毁。

1943年12月20日：第502营可用兵力为7辆虎式。

1943年12月27日：第502营第1连乘火车前往列宁格勒前线。

1943年12月30日：第502营可用兵力为17辆虎式。

1944年1月10日：第502营配属第8军指挥，当日可以作战的虎式坦克数量为33辆，另有1辆宣布全损报废，2辆后送里加大修，全营保有坦克数量为33辆。

1944年1月14日：苏军主力部队向奥兰涅恩鲍姆桥头堡（Oranienbaum Bridgehead）发动进攻。

1944年1月18日：苏军攻占了杜德霍菲高地（Duderhofer Heights），使姆加和沃尔霍夫河沿线战况吃紧，北方集团军群司令部急令第502营乘火车火速回防加特契纳。

1944年1月20日：由迈尔少尉指挥的第502营第3连抵达加特契纳，随即向斯科沃里兹（Skvoricy）公路枢纽前进，与第9空军野战师和第126步兵师第422掷弹兵团一道建立防线，在战斗中由迈尔少尉、施特劳斯（Strauss）少尉、本施（Bensch）上士和亚当（Adam）上士指挥的4辆虎式坦克顶住了20～30辆苏军坦克的冲击。当日第502营可以作战的虎式坦克为15辆，有3辆虎式战损，但得到了8辆新虎式的补充，全营保有虎式数量增至38辆。

1944年1月21日：迈尔战斗群陷入包围，仅有施特劳斯少尉的坦克成功突围，撤至斯科沃里兹，第502营第3连在两天的战斗中损失了11辆虎式，在防御战中又击毁8辆苏军坦克和6门反坦克炮，连长迈尔少尉拒绝投降，举枪自杀。第502营剩余兵力与第225步兵师377掷弹兵团第2营、第240坦克歼击车连组成一个战斗群，负责防守沃霍诺夫（Vohonovo）和萨雅斯克勒沃（Ssajaskelewo），击毁了3辆T-34。当天，新增援的14辆虎式抵达前线，及时补充了第502营的战斗损失，全营保有虎式坦克数量增加到41辆，接近满编。

1944年1月22日：第502营在当天击毁了12辆苏军坦克。

1944年1月23日：第502营及友邻部队连续击退了苏军多次进攻。

1944年1月24日：第502营协助步兵部队在沃霍诺夫附近成功挫败了苏军的两次坦克突击，在萨雅斯克勒沃打退了苏军步兵的轮番攻击。施特劳斯少尉指挥第3连的2辆虎式在沃伊斯科维兹（Woiskowizy）的农场附近占领阻击阵地，击毁了3辆T-34。

1944年1月25日：施特劳斯战斗群被配属给第126步兵师，在沃伊斯科维兹周边的战斗中有41辆苏军坦克被击毁。

1944年1月26日：第502营的两个连配属给党卫军第3"日耳曼尼亚"装甲军，重新部署在沃洛索沃（Volosovo），当时8辆虎式可以作战，另有3辆虎式需要拖行。施特劳斯战斗群在切恩尼兹（Tschernizy）附近掩护第126步兵师撤退。

1944年1月27日：第502营在沃洛索沃进行阻滞作战。

1944年1月28日：在沃洛索沃阵地上，由赫尔曼（Hermann）上士指挥的营部三号车面对27辆逼近的T-34，用最后3发穿甲弹和9发高爆弹摧毁了7辆T-34。几辆负责警戒的虎式又击毁了8辆T-34，弹药几乎告罄，在拂晓时分又有9辆T-34毁于虎式坦克炮下。施特劳斯战斗群撤至库施（Kutschi）。

1944年1月31日：在沃洛索沃附近战斗的第502营所部奉命脱离战斗，向纳尔瓦（Narwa）转移。第502营第1连连长迪斯尔（Diesl）中尉阵亡，该营的一个战斗群在库森涅佐沃（Kusnezowo）附近投入战斗。

1944年2月1日：施特劳斯战斗群在阿茨波夫卡（Archipowka）附近战斗，全营可用兵力为19辆虎式。

1944年2月：第502营乘火车转移至亨格堡（Hungerburg）和纳尔瓦河（Narwa River）之间的新防区，在随后的战斗中，该营的虎式坦克被分散配置给几个师，支援步兵作战，卡里乌斯少尉指挥的一个战斗群配属给党卫军第11"北欧"志愿装甲掷弹兵师。

1944年2月10日：第502营可用兵力为23辆虎式。

1944年2月12日：13辆新坦克运抵梅勒基拉（Merekiila），补充给第502营，每连接收4辆，营部接收1辆，全营保有坦克数量达到54辆。2辆虎式奉命支援第24步兵师第31掷弹兵团沿公路向德勒辛卡（Tereschinka）方向反击。

1944年2月14日：第502营在梅勒基拉进入戒备状态，防备苏军的一次两栖登陆行动，3辆虎式坦克参加了反登陆战斗。

1944年2月16日：卡里乌斯少尉指挥的2辆虎式被派往文格勒战斗群（Kampfgruppe Wengler）助战。

1944年2月18日：卡里乌斯战斗群部署在里基（Riigi）附近，支援第225步兵师

第2章 陆军第502/511重装甲营

数次挫败苏军强渡纳尔瓦河的行动。

1944年2月20日：第502营可用兵力为23辆虎式。

1944年2月23日：茨韦蒂军士长击毁了第502营参战以来的第500辆敌军坦克。由博尔特（Bölter）少尉指挥的第502营第1连沿堤道公路部署。在纳尔瓦南部战线上，苏军第8步兵军在克里瓦索（Krivasso）和维瓦拉（Waiwara）附近以及奥维勒（Auwere）火车站附近占领了两处桥头堡阵地，被德军称为"西萨克"（Westsack）和"东萨克"（Ostsack）桥头堡。

1944年2月24日：第502营第2连的6辆虎式分成两个战斗群分别支援遏制苏军桥头堡的行动，由格林（Göring）军士长指挥的4辆虎式前往"西萨克"前线，由卡里乌斯少尉指挥的2辆虎式前往"东萨克"前线，在随后几天的持续战斗中，他们摧毁了数门反坦克炮。

1944年2月29日：第502营可用兵力为24辆虎式，同时又得到17辆虎式的补充，全营保有坦克数量增加到71辆。同日，第502营被配属给纳尔瓦军级集群。

1944年3月15日：第502营营长耶德少校获颁骑士十字勋章，并调离该营，另履新职。同时，第502营第1连和第3连被重新部署在普斯科夫地区。

1944年3月16日：茨韦蒂军士长指挥的2辆虎式在"东萨克"桥头堡执行掩护任务，卡里乌斯少尉座车的散热器被打坏，需要修理。

1944年3月17日：一支苏军部队从"东萨克"桥头堡冲出，对第61步兵师造成重大威胁。卡里乌斯少尉和克舍尔（Kerscher）上士的2辆虎式参加了阻击战斗，击毁了13辆T-34、1辆KV-1和5门反坦克炮。随后，格鲁伯（Gruber）上士的坦克也加入了战斗，但是连长始终没有出现在前沿。

1944年3月18日：德军由提尔特苏（Tirtsu）向东发起的反击没有取得成功，但第502营的虎式仍然击毁了4辆T-34和1辆T-60。

1944年3月19日：德军击退了苏军自"东萨克"桥头堡向西面发动的进攻，6辆T-34和1辆T-60被摧毁。苏军转而向北进攻，付出了6辆坦克和自行火炮的代价依旧无功而返。在支援步兵的反击时，第502营的虎式又干掉了2辆T-34。

1944年3月20日：第502营再次击退苏军攻击，击毁2辆T-34。全营可用兵力为33辆虎式。

1944年3月21日：第502营继续进行防御作战，斩获2辆T-34。

1944年3月22日：第502营第2连在"东萨克"桥头堡前线最后一次击退了苏军的进攻，摧毁2辆敌军坦克。自3月17日以来的连日战斗中，第2连已经击毁了38辆坦克、4门自行火炮和17门反坦克炮，该连的虎式坦克随后撤往斯拉玛（Sillama）进行维修保养。

1944年3月26日：第502营的8辆虎式奉命支援德军对"西萨克"桥头堡的反击，但由于地形复杂，这次任务被推迟。

1944年3月29日：在没有虎式坦克支援的情况下德军部队仍成功完成战斗目标。

1944年4月6日：在8辆虎式的支援下，第122步兵师在两天内肃清了"东萨克"桥头堡的苏军部队。随后，第502营的部分兵力仍部署在斯拉玛地区。

1944年4月19日：德军发动对克里瓦索苏军残余阵地的肃清作战。由于冰雪融化，进攻路线两侧的地面十分泥泞，由卡尔帕内托（Carpaneto）下士指挥的前导坦克不幸触雷，被迫推入路边的沼泽地，并被遗弃。第502营第2连连长犹豫不决，被指挥进攻的海津特·冯·施特拉维茨（Hyacinth von Strachwitz）上校就地解职，由卡里乌斯少尉代理连长职务。由于侧翼受到苏军ISU-152型自行火炮的威胁，德军的攻击被阻止在一道壕沟前。

1944年4月20日：德军越过壕沟继续进攻，但由于德军炮火协同不利，落点偏近，反而误伤了己方步兵。当天，又有一辆虎式被推入沼泽，一辆虎式触雷受伤，卡里乌斯的座车也被ISU-152击中，失去行动能力，进攻再次叫停。

1944年4月21日：德军遏制了苏军的一次反击，击毁2辆坦克。

1944年4月22日：因为步兵撤退，触雷损坏的虎式被迫自行炸毁。随着攻击暂停，第502营重新在斯拉玛集结，维修坦克。

1944年4月底：第502营第2连乘火车转移至普斯科夫以南地区，与营主力会合。

* * *

1944年3月：在佩普西湖（Lake Peipus）东南地区，第502营第1连的8辆虎式坦克组成一个战斗群，在博尔特少尉指挥下配属到第28军。

1944年3月中旬：博尔特战斗群由奥斯特鲁夫（Ostrow）转移至勃勒-于西（Boll-Ussy），配属第215步兵师。

1944年3月30日：一个苏军女兵营在数辆坦克的跟随支援下向德军阵地发起攻击，格林军士长指挥的2辆虎式在战斗中击毁了3辆T-34，这两辆坦克一直遭到苏军的持续炮击，一辆虎式的车长因经验不足没有及时更换阵位而被几发炮弹直接命中坦克，导致车长和两名车组成员阵亡，坦克损毁。格林随后获得增援，才得以稳定了战线。

1944年3月31日：苏军再次展开攻击，一辆虎式被炮弹击穿炮塔顶盖而损毁，第12装甲师第5装甲掷弹兵团计划在斯彻施内沃（Streshnewo）以北实施的反击也被迫

第2章　陆军第502/511重装甲营

暂缓。在德维切克尼诺（Dwetschknino）至阿鲁费罗瓦（Aluferowa）公路以东的森林地带，数辆虎式坦克奉命支援第207步兵师第322掷弹兵团和第23步兵师第23燧发枪手营攻击苏军渗透部队，也未能取得成功。

1944年4月1日：第502营在普斯科夫地区有29辆坦克可用，该营主力被配属给第38军，在随后几天里在勒托沃（Letowo）、穆农加溪（Mnonga Creek）和克拉皮文卡（Krapiwinka）附近进行激烈的战斗。

1944年4月7日：博尔特少尉和格林军士长指挥各自的座车穿过苏军的火力封锁，增援陷入绝境的第8猎兵师，但第三辆虎式在前进中被苏军炮火摧毁。苏军大部队在30~35辆坦克和自行火炮的支援下发起猛攻，博尔特指挥2辆虎式沉着应战，在两个小时内博尔特击毁15辆苏军战车，格林击毁7辆。第502营第3连的施佩林（Sperling）下士赶来增援，也摧毁了2辆苏军坦克，但随即被ISU-152击中，失去战斗力。苏军的进攻被打退了，虎式坦克得以进行补给休整，此时仅有博尔特的座车尚能作战，在随后的战斗中他又摧毁了4门反坦克炮。此时，博尔特少尉的个人击杀战绩已经达到89个，被授予骑士十字勋章。

1944年4月8日：由格林军士长担任战斗群指挥官。

1944年4月10日：第502营主力有12辆虎式可以作战。

1944年4月11日：格林战斗群的4辆虎式支援第21步兵师抵御35~40辆苏军坦克的攻击。在战斗中，格林的座车以极高的射速猛烈开火，在高潮阶段炮管突然卡死在后座位置上，面对不断逼近的T-34，炮手和装填手急忙用油脂润滑身管并用力向前推动炮身，在最后时刻排除故障，恢复射击，将目标击毁。在战斗结束时，格林战斗群击毁了21辆苏军坦克，其中13辆为格林的战果，在邻近防区，另有10辆坦克被虎式击毁。

1944年4月20日：第502营主力有17辆虎式可以作战，2辆虎式全毁。截至4月底，第502营在3、4月的战斗中共损失虎式坦克8辆，保有坦克数量下降至63辆。

* * *

1944年4月至5月：俄罗斯春季的泥泞使战场暂时归于平静。汉斯-约阿希姆·施瓦纳（Hans-Joachim Schwaner）少校被任命为第502营新任营长，莱昂哈特上（Leonhardt）尉担任该营第3连连长，博尔特少尉调任第1连连长。在大约七周的间歇期里，第502营一直忙于修理坦克、维护装备，为夏季更为严酷的战斗进行准备。营部和第1连在米尔兹（Milzi）和伊博尔斯卡（Iborska）集结，第2连在奥斯特鲁夫以西30公里处休整，第3连在奥斯特鲁夫以西12公里的鲁宾亚提（Rubinjaty）待命。

1944年4月30日：第502营可用兵力为26辆虎式坦克。

1944年5月1日：第502营配属于第38军，有25辆坦克可以作战。

1944年5月4日：卡里乌斯少尉获颁骑士十字勋章。

1944年6月1日：第502营可用兵力为34辆虎式，另有5辆虎式需后送工厂大修，保有坦克数量减少至58辆。

1944年6月23日：苏军在东线中段发动声势浩大的夏季攻势，仍配属于第38军的第502营在当晚20时进入戒备状态。第2连奉命支援第121步兵师从塞施特奇诺（Sseschtkino）以西4公里处发起反击；第3连从比尔亚伊（Pyljai）出发，沿公路经克尔罗瓦农场（Kirowa farm）至沙普克沃（Schapkowo），进占舒耶沃（Sujewo）附近的高地，在经过约30公里的急行军后，22辆坦克抵达集结地域；第1连被配属于第16集团军第50军。

1944年6月24日：德军发动代号为"犹太鼻子"（Judennase）的反击行动，再次由于步坦协同失调而中途叫停。尽管已经发出了停止前进的命令，仍有一辆虎式过于深入而被苏军击毁。由韦泽利（Wesely）下士指挥的虎式多次遭到炮火袭击受损，失去行动能力，被迫由己方炮火击毁。第502第2连支援第121工兵营从侧翼沃什奇尼诺（Woschtschinino）的苏军阵地发动攻击，虎式坦克击毁了20辆坦克和15门反坦克炮，2辆虎式受伤，由于步兵未能跟进，第2连被迫后撤。第3连转移至比尔亚伊进行补给。第502营保有的坦克数量下降至56辆。

1944年6月25日：除了第502营第2连第1排前往沙普克沃，协助防御第94掷弹兵团第1营指挥所外，第2、3连在战线后方重新集结。

1944年6月26日：苏军继续向德军占据的高地发动攻势，冯·席勒（von Schiller）上尉指挥第2连的6辆虎式与第121工兵营一道防守沃什奇尼诺至舒耶沃一线，卡里乌斯少尉指挥的2辆虎式和第3连的4辆虎式与第94掷弹兵团一起防御战线左翼。在虎式坦克支援下，德军向舒耶沃发起反击，但因地形恶劣，在损失了2辆虎式后被迫后撤，有数辆苏军坦克和几门反坦克炮被摧毁。当天下午，第3连连长莱昂哈特上尉带领4辆虎式从比莱（Pylai）赶来增援，此时已经有9辆虎式失去行动能力。

1944年6月27日：瘫痪在战场上的虎式坦克中有2辆被迫由德军炮火自毁，另有5辆可以回收修复，第502营保有坦克数量下降至54辆。

1944年6月28日：由艾希霍恩（Eichhorn）少尉指挥的一个战斗群击毁了2辆KV-1和1辆"谢尔曼"坦克。

1944年7月1日：第502营配属给第38军，全营有41辆虎式可以作战。

第2章　陆军第502/511重装甲营

1944年7月2日：第502营乘火车转移到杜纳堡（Dunaburg）。同日，苏军迂回维帖布斯克，开始包抄中央集团军群。

1944年7月3日：2辆无法移动的虎式坦克被友军炸毁，第502营的保有坦克数量降至52辆。从6月24日起，第502营击毁了25辆苏军坦克、2辆ISU-152自行火炮和19门反坦克炮，消耗了2200发88毫米炮弹和64000发机枪子弹。

1944年7月4—6日：第502营抵达杜纳堡，在杜纳河南岸的佩斯基（Peski）和劳瑟萨（Laucesa）地区集结，北距杜纳堡约8公里，全营有22辆虎式可以作战。

1944年7月8日：第502营奉命沿杜纳堡至萨拉萨伊（Sarasai）公路向德古兹埃（Deguziai）前进，与第205步兵师会合，共同解救被围困在皮尔克尼艾（Pilkoniai）附近的友军部队。尽管天气炎热，该营仍按照命令进行了长达50公里的履带行军，导致很多车辆中途发生故障，当部队抵达预定地域，仅有第2连的5辆坦克和第3连的3辆坦克可以投入战斗。

1944年7月10日：第502营第2连的5辆虎式掩护德古兹埃的桥梁，第3连的9辆虎式奉命进攻格拉尼艾（Graniai）西南2公里外的216高地，由于步兵协同不利，在进行了两次尝试后暂停了解围行动，当天夜间，被围部队在夜色掩护下成功突围。第2连由艾希霍恩少尉指挥的6辆虎式换防至格特里艾（Gateliai），与第3连交换阵地。在当天的战斗中，第502营有8辆虎式因机械故障丧失作战能力，2辆被击毁，摧毁了16门苏军反坦克炮，全营保有坦克数量降至50辆。

1944年7月11日：第502营第2连的3辆虎式在艾希霍恩少尉指挥下，奉命掩护格特里艾以北第335掷弹兵团的撤退，并在乌森尼斯克斯（Uceniskes）附近击退了一次苏军进攻，1辆虎式因炮塔中弹受损，但所有因受伤无法行动的虎式都被成功回收。冯·席勒上尉带领第2连的7辆虎式沿着德古兹埃至杜纳堡公路进行了65公里的履带行军，以增援在塔尔泽卡（Tarzeka）苦战的第215步兵师，途中有5辆虎式发生故障掉队，其中2辆在修复后迅速归队，随后在第2连支援下第435掷弹兵团第2营夺回了卡拉斯诺（Karasino），虎式坦克在德伊勒克斯（Teilex）附近击毁了10辆坦克和6门反坦克炮，但参战的4辆坦克2辆被反坦克炮击毁，另外2辆出现引擎故障。第502营保有的坦克数量降至48辆。

1944年7月12日：第502营第3连的4辆虎式与第225步兵师一道部署在德拉斯尼艾（Drasiniai）至安塔里耶比特（Antaliepte）的公路一线，在击毁了2辆T-34后向卡比兹亚尼艾（Kabiciuniai）挺进，入夜后在芬萨瓦伊（Vensavai）扎营。在德利斯维亚提湖（Lake Dryswiaty）与利祖湖（Lake Ricu）之间狭长地带的北部，由卡里乌斯指挥的4辆虎式协助爱沙尼亚和拉脱维亚警察部队稳定了马尔钦克维奇

(Markinkowicze)附近的防线。配属于第10军的第502营第1连的10辆虎式从伊德利扎(Idritza)转移到杜纳堡,与营主力会合。第1连被一分为二,一半兵力前往杜纳堡西南55公里处的芬萨瓦伊,增援第502营第3连,另一半兵力被配属给第81步兵师,组成一个新的战斗群,在杜纳堡以东20公里瓦萨利恩纳(Vazsaliena)的集体农场占领防御阵地。

1944年7月13日:第502营第2连的部分兵力与第215步兵师协同行动,再次稳定了拉脱维亚部队的防线。第502营第3连的主力在芬萨瓦伊集结,另有一个排负责防守安塔里耶比特。

1944年7月14日:苏军向驻守安塔里耶比特的第225步兵师第377掷弹兵团发起攻击,但被第502营第3连普拉斯曼(Plassmann)少尉指挥的2辆虎式击退。得到增援的第3连与第377掷弹兵团第2营组成一个新的战斗群,准备夺取175高地后方的斯托施亚奈(Stosjunai),但进攻计划因故推迟,在当日战斗中,虎式坦克击毁6门反坦克炮。卡里乌斯战斗群被部署在卡拉斯诺以北,夺取了博尔诺利泽(Bolnorycze),并在夜间回撤到努尔瓦恩策(Nurwiance)。

1944年7月16日:一支苏军部队在图尔蒙特(Turmont)以南8公里处渗透到第215步兵师防线后方,卡里乌斯指挥第502营第2连的部分兵力与第189掷弹兵团一起肃清了这些敌军,随后撤到马尔恩戈(Marnga)以北的高地后面。第502营第1连的鲍曼战斗群(Kampfgruppe Baumann)和第132步兵师第436掷弹兵团一道沿巴贝斯科奇(Babascki)至博尔罗尼(Borony)的公路实施反击,遭遇顽强抵抗而停止进攻,3辆虎式被击毁,第502营保有坦克数量下降至45辆。当日全营的战果是摧毁10门反坦克炮。

1944年7月17日:博尔特战斗群从第225步兵师防区转移,在经过80公里公路行军后加入第81步兵师,部署在斯勒内(Silene)东北方向,未与敌军接触。

1944年7月18日:博尔特战斗群的4辆虎式与第81步兵师一起从斯勒内经由普劳斯切提(Plauskiety)向厄尔巴尼(Urbany)进行反击。由于敌军强大的反坦克炮火力,步兵难以跟进支援,被迫撤回斯勒内。第132步兵师第436掷弹兵团与鲍曼战斗群的3辆虎式一起从巴贝斯齐(Babaszki)向博尔罗尼进攻,进而转向杰尔鲁基(Dzieruki),但未能击退当地的苏军部队。入夜后,部队退回普鲁斯(Plusy)以北的坚固据点,当日有7门苏军反坦克炮被击毁。

1944年7月19日:第502营第1连奉命撤离第81步兵师的防区,再次进行了80公里的公路行军,转移至杜纳堡西南30公里的扎拉赛(Zarasai)。第502营第3连与第225步兵师转隶于第43军,第2连仍作为预备队部署在图尔蒙特地区,艾希霍恩少尉奉命

第 2 章　陆军第 502/511 重装甲营

将所有待修坦克集中到杜纳堡以西8公里的佩斯基进行修理。

1944年7月20日：第502营第3连的4辆虎式奉命前往科迈（Komai）以北6公里处的一处阻击阵地，该连还在克劳比（Kraupi）附近解救了一个被围的炮兵连，并用虎式坦克将火炮拉回己方阵地。当天下午，2辆虎式阻止了苏军在罗曼内茨基（Romanetjzky）和什比（Schipy）之间的突破行动，击毁4辆T-34；在支援第58步兵师第209掷弹兵团第3营向罗基什基斯（Rokiskis）以南反击时，2辆虎式被1辆ISU-152击毁，第502营保有坦克数量下降至43辆。

1944年7月21日：第502营第3连的2辆虎式再度发起攻击，仍被阻止，击毁6门反坦克炮。

1944年7月22日：第502营（欠第3连）奉命前往杜纳河北岸，阻止施梅尔尼卡亚（Chmelnickaja）附近的苏军向杜纳堡方向发动进攻。艾希霍恩少尉指挥4辆虎式首先由佩斯基向施梅尔尼卡亚实施侦察，第1连的6辆虎式随后跟进，两小时后，第2连也向预定地区开进。在支援第290步兵师的作战中，第502营营长被授予自由行动权，他指挥第1连的6辆虎式向勒库米（Leikumi）和列列-特鲁利（Lielie-Truli）进攻，夺取了一处阻击阵地，击毁6辆T-34/85。

第502营第2连的8辆虎式在卡里乌斯少尉指挥下在马里纳瓦村（Malinava）附近占领了一处掩护阵地，随后他与克舍尔上士的虎式一道向村内的苏军部队发起闪电袭击，在短时间内击毁了10辆JS-2重型坦克和7辆T-34/85，上演了一场经典的坦克突袭战，卡里乌斯也以此战名留青史。随后，卡里乌斯战斗群转移至马里纳瓦以东10公里的伏击阵地，阻止苏军后续部队的追击，苏军主力在未做仔细侦察的情况下贸然进入伏击圈，被卡里乌斯的虎式坦克群一举摧毁了28辆坦克，被迫后撤。

艾希霍恩战斗群经瑙耶内（Naujene）火车站转移至特尔蒂尼（Teltini）。第290步兵师在巴尔库斯（Barkusi）、马里纳瓦和邦达利斯基（Bondariski）一线成功建立了阻击阵地。第502营第1连部署在马里纳瓦附近的公路沿线，第2连部署在巴尔库斯，所有已经修复但尚未归队的虎式奉命向克里瓦尼（Krivani）集中，由冯·席勒上尉指挥。第3连重新部署到罗基什基斯，入夜后向罗基什基斯西北30公里处的潘德利斯（Pandelys）前进，配属第58步兵师。

1944年7月23日：第502营试图解救被困在马里纳瓦的友军部队，由于数辆JS-2坦克的突然出现而归于失败，2辆虎式被击伤。在夜幕降临后重新部署在施拉茨里斯（Silaciris）附近的利克斯南卡（Liksnanka）。第2连在克里瓦尼集结待命。当一支拥有40辆坦克的苏军部队逼近萨拉萨伊时，第1连的5辆虎式火速驰援，击毁了2辆

111

T-34和3门反坦克炮，暂时稳定了战线。第3连的3辆虎式支援一个战斗群从潘德利斯向南沿着通往施卡比斯基斯（Skapiskis）的公路展开攻击，将苏军逐退至特维利（Twiry），击毁了1辆T-34和6门反坦克炮。

1944年7月24日：苏军试图穿过利克斯南卡溪（Liksnanka Creek），第502营第2连接到第290步兵师的命令，与一个步兵排沿迪尔杜（Tiltu）、斯洛波达（Sloboda）、利姆萨斯（Rimsas）一线布防，阻止苏军向杜纳堡实施侧翼攻击。宁斯特德（Nienstedt）少尉指挥6辆虎式与第503掷弹兵团留在克里瓦尼附近，掩护东北方杜纳堡至罗斯滕（Rositten）的公路，他们随后顶住了苏军坦克部队的猛烈冲击，在10分钟的近距离交战中摧毁了17辆苏军战车，包括2辆SU-122自行火炮，1辆虎式被152毫米炮弹直接命中损毁。第502营保有坦克数量降至42辆。卡里乌斯战斗群在利姆萨斯附近占领阵地，在科斯尼斯基（Kosniski）附近执行侦察任务时卡里乌斯遇袭，身受重伤，从此离开了第502营，他在7月27日成为德国武装部队中第535位橡叶饰获得者。在伤愈后，卡里乌斯没有重返第502营，而是在战争结束前几周担任第512重坦克歼击车营第2连连长，驾驶"猎虎"坦克歼击车在西线作战。第502营第3连再次前往施卡比斯基斯执行支援任务。

1944年7月25日：第16集团军下令实施反击，封闭米林纳瓦（Milinava）和威斯基（Viski）之间的战线缺口。第503掷弹兵团在宁斯特德少尉的5辆虎式支援下进攻米林纳瓦，击毁2辆坦克和3门反坦克炮。卡里乌斯受伤后，由艾希霍恩少尉接过战斗群的指挥权，他率领部下向奥兹格里亚尼（Auzgliani）攻击前进，将苏军的一次坦克攻击化解在阵地东侧，击毁了16辆苏军坦克，其中最后一辆坦克是被克舍尔上士在50米距离上摧毁的，随后战斗群向迪尔杜-斯洛波达撤退。当天下午，在奥兹格里亚尼以西1公里的一处小半岛上爆发战斗，虎式坦克击毁2门反坦克炮。

1944年7月26日：为了攻击利卡纳（Likana）火车站，第501掷弹兵团转移至杜纳河东岸，艾希霍恩战斗群的4辆虎式奉命前往支援，它们从迪尔杜-斯洛波达出发，再次通过苏军坚固设防的奥兹格里亚尼，维甘德（Wiegand）下士的坦克被反坦克炮完全摧毁，克舍尔下士的坦克也失去了行动能力，三名车组成员阵亡。在进攻中，2辆虎式坦克推进到距离利卡纳仅1公里的勒策基（Leceji），但未能与步兵保持紧密联系，随后根据第2军的命令撤回杜纳河沿岸，2辆虎式一路血战，杀出重围，被多次命中，遍体鳞伤地回到己方桥头堡阵地，但坦克必须后送工厂大修，当日另有1辆虎式战损，第502营保有的坦克数量降至37辆。该营在26日的战斗中总共摧毁了12辆T-34、1辆SU-122和10门反坦克炮。

第2章 陆军第502/511重装甲营

1944年7月27日：第502营第1连、第2连奉命撤往伊鲁克斯（Illux）地区，第1连驻防埃格莱涅（Eglaine）以南10公里的劳登湖农场（Lake Rauten farm），第2连部署在埃格莱涅西北方的一片森林内，在午夜时分又根据第16集团军的命令前往35公里外埃比利（Abeli），进入第18军的防区。当苏军向洛特昆兹（Lotkuntzy）发动攻击时，普拉斯曼少尉率第502营第3连急速增援，但由于苏军正以强大兵力包围当地的德军部队，第3连只能中途回防施卡比斯基斯，在反击中迫使苏军撤至潘德利斯西南6公里处的拉祖尼艾（Radzuniai），摧毁1门反坦克炮。从1944年7月4日至27日之间，第502营各连分散在杜纳堡前线各处，在战斗中击毁84辆敌军战车和71门反坦克炮，消耗88毫米炮弹1431发，机枪子弹36000发。

1944年7月28日：在当日凌晨，第502营第3连根据第58步兵师的命令，支援步兵进攻勒贝兹艾（Lebedziai），在三小时的战斗后进攻在沙瓦迪尼兹（Schawdynizi）附近陷入停滞，有5辆T-34/85和2门反坦克炮被击毁，但参战的4辆虎式均严重受伤，被迫后撤。同日，第502营各连全部配属于第43军指挥，转移到帕内穆尼斯（Panemunis）以南地区作战，全营由埃格莱涅出发，经过苏巴泰（Subate）、埃比利和罗基什基斯前往新作战区。

1944年7月29日：第502营部署在米茨安奈（Miciunai）周围的防御阵地内，而第3连不得不在帕内穆尼斯以北地区修理所有的坦克。

1944年7月30日：当日傍晚，第502营奉命转移到帕内穆尼斯以北20公里的内勒塔（Nereta），作为军预备队待命。

1944年7月31日：当日，第61步兵师奉命经由克里维尼（Krievini）和斯巴尔维斯基艾（Spalviskiai）向波尔森（Birsen）西北8公里处的帕罗威亚（Paroveja）公路枢纽发动攻击，受到当地桥梁承重能力的限制，第502营的8辆虎式未能及时对这次攻击提供支援，只能缓慢地前进，直至下午5时左右8辆虎式才赶到前线，与第435掷弹兵团一道进攻波尔森，摧毁了5门反坦克炮，入夜后在波尔森西北6公里处的斯托斯荣尼埃（Stosjuniai）附近停止攻击，坦克重新部署到比迪斯基斯（Pitiskis）。

1944年8月1日：鲍曼少尉指挥的4辆虎式和步兵部队在帕罗威亚至波尔森的公路一带陷入包围，当日第502营可以作战的虎式坦克仅剩12辆。

1944年8月2日：莱昂哈特上尉指挥5辆虎式向波尔森发起反击，在粉碎了苏军的一次反攻后，重新集结了8辆虎式继续攻击，最终夺取了波尔森，摧毁了11门反坦克炮。

1944年8月3日：第502营击退了苏军对波尔森的多次反攻。

1944年8月4日：博尔特战斗群的5辆虎式奉命支援正在激战的第215步兵师，从

虎式坦克 全景战史

基尔克莱（Kirkelai）出发经卡莱（Kalai）向南挺进，沿途摧毁了8门反坦克炮。

1944年8月5日：宁斯特德战斗群的4辆虎式阻止了苏军沿公路向克里维尼推进的企图。第502营作为预备队部署到里加以南40公里的杰卡瓦（Jecava），但宁斯特德战斗群仍在斯巴尔维斯basketball艾地区继续奋战多日。营长施瓦纳少校不慎摔断了腿，由莱昂哈特上尉代理营长职务。在第502营向杰卡瓦开进途中，苏军突破了第1军第81步兵师位于波尔森以北的防线，于是该营在舍恩贝格（Schonberg）停止前进，转而隶属于第1军。

1944年8月6日：第502营的2辆虎式配属第81步兵师第174掷弹兵团在拜祖尼（Baizuni）担负掩护任务，发现一支拥有30～35辆坦克的苏军部队正从普雷利埃农场（Pleiriai farm）经由格鲁姆斯里埃（Grumsliai）向西北运动，恰好进入博尔特战斗群（4辆虎式）在波佩尔利埃（Pauperiai）的阻击位置，博尔特立即展开截击，摧毁了数门反坦克炮，迫使苏军退却；艾希霍恩率领2辆虎式前来增援，并对撤退的苏军展开追击，直到距离舍恩贝格西南约4公里的斯威兹埃（Swidziai）附近，才根据第81步兵师的命令停止追击，在亚斯基埃（Jasikiai）两侧占领阻击阵地。不久，艾希霍恩又率部沿波尔森至舍恩贝格公路向波贝奈（Bobenai）转移，救援在波贝奈以南6公里处被围的一个炮兵营，在途中击毁了1门反坦克炮。在成功救出炮兵营后，艾希霍恩战斗群在返回的路上遭遇炮火袭击，艾希霍恩的座车中弹失去行动能力，最后被迫自毁，第502营保有的坦克数量降至36辆。第502营在当天白天守卫拜祖尼、波佩尔利埃和波贝奈一线，夜间就转移至舍恩贝格进行补给。

1944年8月7日：尽管苏军部队已经逼近前沿要点苏沃斯塔斯（Suostas），但第502营在早上仍然接到命令从卡瑟奈（Kacenai）向南进攻波贝奈，该营对这一命令表示异议，但仍遵令执行，向波贝奈发动了徒劳无功的攻击，直到当天正午博尔特才率领4辆虎式救援苏沃斯塔斯，此时当地的德军步兵早已撤退了。在重整部队后，德军由虎式坦克引领发起反击，经过激烈的战斗夺回了苏沃斯塔斯，击毁了4辆坦克和3门反坦克炮，但代价很大，2辆虎式被反坦克炮摧毁；令人感到讽刺的是，击毁它们的火炮竟是苏军缴获的1门德制88毫米反坦克炮！当天黄昏后，在虎式坦克的掩护下，第81步兵师向舍恩贝格以北4公里的施特鲁斯基（Struski）撤退。在本日战斗结束后，第502营保有坦克数量下降至34辆。

1944年8月8日：第502营在施特鲁尼（Sturni）附近集结。

1944年8月9日：沙雷尔（Scharer）中尉指挥的5辆虎式在梅梅尔（Memel）以东拉德维利什基斯（Radviliskus）地区摧毁了第61步兵师防区内的一处苏军桥头堡阵

第2章 陆军第502/511重装甲营

地,它们得到了第502掷弹兵团的支援,击毁、击伤的敌军战车包括1辆T-34、2辆T-34/85、1辆SU-122和1辆SU-152,但一辆虎式被苏军85毫米炮多次击中后起火烧毁。同日,费迪南德·冯·弗尔斯特(Ferdinand von Foerster)上尉就任第502营新营长。该营保有坦克数量降至33辆。

1944年8月11日:苏军部队在库祖里(Cuzuli)附近突破了第61和第81步兵师的防线,第502营可用的6辆虎式在博尔特指挥下与第189掷弹兵团一部沿着从格拉德纳斯(Gradnas)到安内斯(Anes)和梅梅尔的公路进行反击,德军步兵蒙受很大伤亡,虎式孤军作战,最后在黄昏后撤退,再度有一辆虎式毁于苏军缴获的德制88毫米反坦克炮。第502营保有坦克数量降至32辆。

1944年8月12日:第174、501掷弹兵团再次向苏军桥头堡阵地发起反击,均未取得成功。第502营的虎式在战斗中拔除了一处苏军据点,摧毁7门反坦克炮,并击退苏军的一次反击,击毁4辆坦克,但德军损失颇大,1辆虎式连续中弹,最后燃起大火焚毁,1辆虎式陷入积水的弹坑无法自拔,1辆虎式引擎被击伤,无法行动,还有1辆虎式散热器损坏,也失去了行动能力,最后仅剩2辆虎式继续战斗,但始终无法攻入坚固设防的城镇。在击退苏军一次坦克反击后,一辆虎式试图将陷在水坑里的坦克拖出,结果自己反而中弹。博尔特请求增援,2辆修复的坦克在夜间抵达,但很快在另一次攻击中就损失了1辆。昼间战斗中损伤的虎式坦克中仅有2辆在夜间被德军拖回己方阵地。一日苦战后第502营损失了3辆虎式,保有坦克数量降至29辆。

1944年8月13日:在第502营营长的建议下,该营第2连的7辆虎式从第61步兵师的防区撤出,于早上7时抵达格拉德纳斯以北,加上2辆刚修复的虎式,对安内斯-梅梅尔发动了新的进攻。博尔德一马当先,击毁了1门苏军缴获的88毫米反坦克炮,但他的座车随即被另1门反坦克炮击毁,只有严重受伤的博尔特和驾驶员得以生还,博尔特于1944年9月10日成为第581位橡叶饰获得者,德军以损失一辆虎式的代价夺取了安内斯-梅梅尔。第502营保有的坦克数量降至28辆。

1944年8月15日:许雷尔战斗群(Kampfgruppe Schürer)的4辆虎式在格拉德纳斯南面伏击了一支25辆坦克的苏军部队,击毁了14辆。

1944年8月16日:莱昂哈特战斗群再次配属给第189掷弹兵团,对格拉德纳斯实施攻击,步兵伤亡惨重,难以跟随坦克,虎式坦克击毁5辆T-34、1辆SU-85和2辆T-34/85。

1944年8月17日:战斗继续进行,又有2辆T-34成为第502营的战果。

1944年8月18日至20日:第502营剩余6辆虎式可以作战,在宁斯特德少尉指挥下与第290步兵师一道作为预备队部署在埃米尔加斯（Emilgas）以北。

1944年8月22日：普拉斯曼战斗群支援第215步兵师在包斯卡（Bauske）南面实施反击，摧毁了4门反坦克炮和1辆自行火炮，自身也损失一辆虎式，随即在欧克尼（Eukeni）西北1.5公里处重新整队。第502营保有坦克数量降至27辆。

1944年8月25日：第502营奉命乘火车转移至埃尔格利（Ergli）西北第10军的防区。自1944年6月24日以来，第502营在两个月的连续战斗中已经摧毁了156辆敌军战车和175门反坦克炮，自身因各种原因损失虎式坦克21辆。

1944年9月1日：第502营可以作战的坦克数量为19辆，在随后几周里它们再次被分散配置到里加前线各处。

1944年9月14日：苏军对里加发动了大规模进攻，在夜以继日的激战中，第502营又损失了6辆虎式，保有坦克数量下降至21辆。

1944年9月26日：第502营击毁了第1000辆敌军坦克。

1944年9月27日：第502营在"锡格尔达"阵地（Segewold）周围展开战斗。

1944年10月4日：第502营接到命令，准备乘火车返回德国，换装虎王坦克。

1944年10月9日：苏军推进到梅梅尔以北达帕兰加（Polangen）的波罗的海海岸，形成对北方集团军群的包围之势。第502营第1、2连的13辆虎式抵达梅梅尔，返回德国的运输计划被取消，该营奉命留在库尔兰（Kurland）做防御准备。莱昂哈特上尉的第3连（尚有8辆虎式可用）暂时配属给第510重装甲营，第502营剩余的坦克被部署在利耶帕亚（Libau）以东30公里处。

1944年10月10日：宁斯特德少尉指挥的第502营第1连被第28军调往克拉利施肯（Korallischken）附近的阻拦阵地，摧毁了5辆苏军坦克，在随后几天里一直持续激烈的战斗。第502营第2连则被部署在梅梅尔桥头堡。在克拉利施肯以西，卡尔帕内托下士的虎式袭击了一支由13辆坦克组成的苏军纵队，击毁4辆，迫使剩余的苏军坦克停止向第209掷弹兵团第1营阵地的侧翼迂回。2辆虎式则前往马兹拉姆达（Mazgramda）西北处支援第14侦察营。

1944年10月23日：苏军最后一次尝试突破德军防线，第502营的13辆虎式在防御战中击毁了32辆坦克和数量众多的反坦克炮。

1944年10月26日：第502营营部连的部分人员作为步兵部署到普列库莱（Preekuln）以东。

1944年10月30日：营部连撤离前线，乘船经利耶帕亚前往但泽（Danzig）。

1944年11月1日：第502营尚有16辆坦克能够作战，配属于第58步兵师。

1944年11月12日：第502营第3连与第510营一起经历了数次战斗后，一辆虎式全

第2章 陆军第502/511重装甲营

损，该连将最后6辆虎式移交第510营后，剩余人员在莱昂哈特上尉带领下前往利耶帕亚。第502营保有虎式坦克数量降至14辆。

1944年11月19日：第502营第3连在利耶帕亚登船，从海路前往但泽，然后转往帕德博恩。

1944年12月1日：留在库尔兰桥头堡的第502营主力尚有11辆虎式可以作战。

1944年12月16日：部署在梅梅尔近郊的第502营第1、2连接收了原属"大德意志"装甲掷弹兵师的2辆虎式，保有坦克数量增加到16辆，林克（Rinke）少尉担任第502营第2连连长。

1944年12月17日：第502营第3连抵达瑟内拉格，开始接受虎王坦克的换装训练。

1945年1月1日：第502营尚有12辆坦克可用，配属于第28军。

1945年1月10日：第502营协同第95步兵师向多伊奇（Deutsch）、克雷廷根（Crottingen）和施坦茨肯（Standschen）地区发动进攻受挫，第1连连长座车被击毁，该营保有坦克数量降至15辆。同日，第502重装甲营更改番号为第511重装甲营（但在此日期之后，该营的战斗日志仍以第502营的名称记载，文中加以保留——作者注）。

1945年1月21日：第502营第1、2连在梅梅尔解除了与第28军的隶属关系，准备转运至东普鲁士。苏军自1945年1月12日起向东普鲁士发动大规模进攻，给德军造成严重威胁。

1945年1月23日：第502营主力准备乘船前往皮劳（Pillau），宁斯特德少尉指挥3辆虎式成为先头部队。

1945年1月24日：在没有燃料和弹药补给的情况下，宁斯特德战斗群奉命向利耶帕亚转移。第1连连长拒绝在没有步兵支援的情况下向一座苏军占领的桥梁发动夜袭。第502营第2连抵达利耶帕亚外围。

1945年1月25日：尽管形势尚不明朗，第502营第2连仍奉命向西北方向移动，由于履带故障，卡尔帕内托下士的虎式掉队两个小时，在卡德基恩嫩（Kadgiehnen）附近的战斗中有15辆T-34/85及JS-2坦克被摧毁。

1945年1月26日：第502营第2连面临被苏军包围的危险，向诺伊豪森（Neuhausen）撤退。

1945年1月27日：第502营主力向普拉瓦登（Prawten）发动反击，摧毁了19辆苏军坦克和自行火炮，但在战斗中克拉默下士的虎式被击毁，这位获得过骑士十字勋章的王牌车长最后丧命在一辆被炸毁的救护车里。格林上士的虎式变速箱受损，只能以低速前进。第502营保有坦克数量降至14辆。

1945年1月28日：格林的虎式经奎德瑙（Quedenau）和祖迪腾（Juditten）抵达梅特格森（Metgethen）地区，加入了配属第5装甲师的第505重装甲营，另一辆虎式由其他车辆拖带也加入到第505营的行列。

1945年2月6日：在修复后，格林指挥2辆虎式与第505营的1辆虎王被部署在但泽港出海口附近的高速公路上。

1945年2月9日：格林战斗群向莫尔恩（Maulen）方向发动进攻，摧毁了苏军一处反坦克炮阵地，2辆虎式均中弹受损，其中1辆全毁，仅有格林一辆虎式抵达莫尔恩，由于步兵掉队，他只能在夜间撤回。第502营保有的坦克数量降至13辆。格林战斗群的掩护任务一直持续到2月15日，1辆修复的虎式坦克奉命增援格林。

1945年2月10日：第502营的4辆虎式奉命支援第58步兵师第240侦察营在戈尔莫（Germau）以东发动进攻，解救陷入险境的第548人民掷弹兵师，这支部队是匆忙组建的轻步兵单位，兵员大多是毫无经验的年轻士兵或上了年纪的应征人员，只有少数经验丰富的骨干官兵负责领导指挥，在战斗中击毁7辆苏军坦克。

1945年2月11日：经历前日战斗的4辆虎式又由诺伊豪森向普拉瓦登发动攻击，击毁12辆坦克。宁斯特德战斗群的3辆虎式在战线后方迷路，克里斯蒂安森（Christiansen）参谋军士的坦克被摧毁，一辆坦克在燃料耗尽后被遗弃，最后一辆则遭到友军误击，被"铁拳"火箭筒击毁。第502营保有坦克数量降至10辆。林克少尉指挥第502营第2连的几辆坦克一路血战，杀回蒂尔恩堡（Thierenberg），与营主力重新取得联系。同日，第548人民掷弹兵师放弃了普拉瓦登。

1945年2月12日：第58步兵师在4辆虎式的支援下夺回普拉瓦登，击毁12辆坦克，随后又向诺伊豪森展开攻击。

1945年2月14日：林克战斗群的3辆虎式在梅德瑙（Medenau）附近摧毁了14辆苏军坦克，在费希豪森（Fischhausen）附近，维修部队成功修复了10辆虎式。

1945年2月19日：格林战斗群的3辆虎式和第505营一道配属于第5装甲师，从祖迪腾附近的集结地出发经梅特格森向瑟拉彭机场（Seerappen Airfield）进攻。为了与从柯尼斯堡方向突围的德军部队会合，一支攻击部队在萨姆兰（Samland）集中，包括第58步兵师和一支由弗赖（Frey）少校指挥的装甲战斗群，后者包括第240侦察营、第158装甲营一部及第502重装甲营的10辆虎式，上述部队将以第154掷弹兵团为先导发起攻击，与柯尼斯堡守军建立联系。但是，进攻在威切恩（Wischehnen）至克拉高（Kragau）的公路两侧陷入停滞。在一次突袭行动中，德军夺取了克拉高附近的农场。

第 2 章　陆军第 502/511 重装甲营

1945年2月20日：德军部队继续向雷基特恩（Regitten）发动攻击，装甲战斗群在米伦贝格（Muhlenberg）的28高地建立了一处阻击阵地，并且打退了苏军六次集团冲锋，给对手造成巨大伤亡和损失。与此同时，第58步兵师夺取了波瓦因（Powayen）。

1945年2月21日：格林战斗群仍然坚守着28高地。

1945年2月23日：在萨姆兰集结的德军主力向大梅德瑙（Gross Medenau）进攻，所有可用的坦克集中配属给第58步兵师第220掷弹兵团，攻击部队由波瓦因出发，虎式坦克群率先从西面向大梅德瑙展开突击，在随后几天里，虎式坦克被编成几个小型战斗群，在瓦伦根（Warengen）、斯肯霍芬（Sickenhofen）、普利拉肯（Prilacken）和加尔特扎尔本（Galtgarben）等地击退苏军的反击，击毁了数量众多的苏军坦克。

1945年2月26日：苏军的包围圈被打破，第502营的两部分兵力重新会合。第502营第2连接收了所有剩余的虎式，被部署在帕尔尼肯（Palmnicken）地区，第1连则重新装备了"追猎者"坦克歼击车。

1945年4月6日：苏军向柯尼斯堡发动总攻。

1945年4月8日：由黑尔（Heer）少尉指挥的一支小战斗群（4辆虎式）从克莱内加尔根堡（Kleiner Galgenberg）向大加尔根堡（Grosser Galgenberg）发动反击，在战斗中格林的虎式被击毁，第502营保有的坦克数量降至9辆。

1942年4月12日：在等待苏军进攻期间，第502营第2连的坦克被分散成数个由2~3辆虎式组成的小战斗群，分散部署在整条防线上。林克少尉指挥的2辆虎式负责掩护蒂尔恩堡的三岔路口，克舍尔和巴雷施（Baresch）下士的虎式则部署在诺尔高（Norgau）附近的高地上。

1945年4月13日：在诺尔高附近的战斗中，克舍尔战斗群摧毁了20多辆坦克，巴雷施的虎式因火炮受损撤往后方修理，在当天下午，克舍尔又独自击毁了15辆苏军坦克。在傍晚时分，一辆补给卡车给克舍尔运来弹药，同时魏甘德下士的虎式赶来增援，与克舍尔联手击毁了在一处洼地内集结的12辆SU-100。不久，魏甘德的坦克根据无线电指令前往战线的其他地点。在夜间，由于苏军中叛变德军的官兵发出虚假的指令，步兵部队撤退，诺尔高防线遭到突破，第2连的虎式坦克被迫向费希豪森突围。同时，在帕尔尼肯地区苦战的第502营第1连也蒙受重大损失。

1945年4月14日：克舍尔的虎式坦克变速箱损坏，只能低速行驶。

1945年4月16日：克舍尔试图支援赫尔曼上士和巴雷施下士的坦克，不幸头部负伤；赫尔曼的坦克失去行动能力，被迫遗弃；巴雷施的坦克也被击毁；克舍尔的坦克也损伤严重，艰难地撤回到了费希豪森。刚好一辆修复的虎式坦克在米勒（Müller）少尉指挥下开赴前线，接手掩护任务，克舍尔的坦克得以经费希豪森和罗施塔特（Lochstädt）转移至诺伊豪森森林（Neuhausel Forest）中的战地维修厂接受修理。第502营的保有虎式坦克数量降至7辆。与此同时，第502营第1连在帕尔尼肯被大部歼灭。

1945年4月20日：宁斯特德少尉指挥的战斗群在罗施塔特附近解救了一个被困的德军步兵营。自4月13日起，第502营已经击毁了102辆苏军战车。

1945年4月21日：克舍尔的虎式在修复后奉命守卫诺伊豪森森林的边缘地带，在第502营第1连的2辆"追猎者"、第505营的1辆虎王和一门反坦克炮的协助下，多次击退苏军坦克的冲击，击毁了21辆敌军车辆，克舍尔的个人击毁数量达到了100辆！虎王在弹药耗尽后撤回后方补给，2辆"追猎者"和反坦克炮也被调往他处。

1945年4月22日：克舍尔的坦克在多次中弹后油箱泄漏，大约300升汽油灌入车体，车组成员在将漏油排干后继续战斗。在击毁多辆坦克后，克舍尔的坦克在两辆修复的虎式帮助下脱离险境，撤往后方，但这两辆虎式却没有那么幸运，一辆因机械故障损坏而抛锚，另一辆则被乘员丢弃。第502营保有的虎式坦克数量降至5辆。

1945年4月23日：克舍尔再次奉命支援步兵防守，在多次被击中后返回维修厂修理，失去虎式支援的防线很快被突破，苏军成功渗透到诺伊豪森森林中。

1945年4月24日：尽管在森林中视野受限，克舍尔和格鲁贝尔（Gruber）下士各自指挥一辆虎式试图对苏军进行反击，在格鲁贝尔的坦克被击毁后，克舍尔只能选择向皮劳港撤退，在那里他被迫炸毁了自己的坦克。同时，宁斯特德少尉指挥第502营第1连的最后一辆"追猎者"在一座火车站附近击退了敌军的一次攻击，随后第502营的大部分幸存人员乘船撤往弗里施沙洲（Frische Nehrung），那是但泽附近的一座小半岛，全营保有的虎式坦克仅剩3辆。

1945年4月26日：在弗里施沙洲，第502营的2辆虎式做好了最后的战斗准备，其中由克斯特勒（Köstler）上士指挥的217号车在随后的战斗中击毁了9辆海运到半岛的苏军坦克。

1945年4月27日：在当天上午的战斗中，217号车在10分钟内击毁了2辆T–34、1辆JS–2、1辆KV–1和1辆"谢尔曼"，之后又有1辆JS–2命丧炮下。然而，就在战斗间歇成员下车短暂休息时，这辆虎式突然发生爆炸，很可能遭到了蓄意破坏。在尼克尔斯瓦尔德（Nickelswalde）附近，冯·弗尔斯特上尉下令解散了第502重装甲营，残

第2章　陆军第502/511重装甲营

余人员在1945年5月9日向苏军投降。

1945年3月31日：第502营第3连在卡塞尔的亨舍尔工厂直接接收了8辆虎王，并在城市近郊参加了几次小规模战斗，战果及损失不明，其中一些坦克后来转移到哈茨山（Harz Mountains）南部。

1945年4月19日：第502营第3连在塔勒（Thale）附近解散。

战果统计

第502重装甲营自1942年9月在列宁格勒前线首次参战，至1945年4月在但泽附近解散，几乎一直在东线作战，是作战时间最长、战果最高的独立重装甲营之一。据统计该营在两年零七个月里击毁了1400余辆坦克和超过2000门反坦克炮，其他各型装备难以计算，自身因各种原因损失107辆虎式坦克。

第502/511重装甲营历任营长

里夏德·梅克尔（Richard Märker少校，1942年8月5日至11月21日，撤职）

阿图尔·沃尔施莱格（Artur Wollschläger上尉，1942年11月21日至1943年2月7日，受伤）

里希特（Richter少校，1943年2月22日至7月，去职原因不明）

弗里德里希·施密特（Friedrich Schmidt上尉，1943年7月20日至8月12日，撤职）

朗格（Lange上尉，1943年8月12日至10月14日，撤职）

维利·耶德（Willy Jähde少校，1943年10月28日至1944年3月15日，调职）

汉斯-约阿希姆·施瓦纳（Hans-Joachim Schwaner少校，1944年4月至8月5日，受伤）

费迪南德·冯·弗尔斯特（Ferdinand von Foerster上尉，1944年8月9日至1945年4月27日）

第502重装甲营骑士十字勋章获得者

约翰内斯·博尔特（Johannes Bölter）中尉　　骑士十字勋章　　1944年4月16日
　　　　　　　　　　　　　　　　　　　　　橡叶饰（第581位获得者）1944年9月10日

奥托·卡里乌斯（Otto Carius）中尉	骑士十字勋章	1944年5月4日
	橡叶饰（第535位获得者）	1944年7月27日
阿尔弗雷多·卡尔帕内托（Alfredo Carpaneto）下士	骑士十字勋章	1945年3月28日
维利·耶德（Willy Jähde）少校	骑士十字勋章	1944年3月15日
阿尔贝特·克舍尔（Albert Kerscher）上士	骑士十字勋章	1944年10月23日
海因茨·克拉默（Heinz Kramer）下士	骑士十字勋章	1944年10月6日
约翰·米勒（Johann Müller）上士	骑士十字勋章	1944年10月23日
阿道夫·林克（Adolf Rinke）中尉	骑士十字勋章	1945年4月17日

第502重装甲营虎式坦克王牌战绩排行榜

奥托·卡里乌斯（Otto Carius）中尉	150+辆
约翰内斯·博尔特（Johannes Bölter）中尉	139辆
阿尔贝特·克舍尔（Albert Kerscher）上士	100+辆
海因茨·克拉默（Heinz Kramer）下士	50+辆
阿尔弗雷多·卡尔帕内托（Alfredo Carpaneto）下士	50+辆
约翰·米勒（Johann Müller）上士	50辆

注：由于战果判别困难，上述均为确认击毁的最低估计数字，确切数字不明。

※ 阿图尔·沃尔施莱格（1916—1987） 　　※ 维利·耶德（1908—2002） 　　※ 约翰内斯·博尔特（1915—1987）

第 2 章　陆军第 502/511 重装甲营

※ 奥托·卡里乌斯，是唯一至今在世的第502重装甲营的骑士十字勋章获得者及坦克王牌。

※ 阿尔弗雷多·卡尔帕内托（1915—1945）　※ 阿尔贝特·克舍尔（1916—2011）　※ 海因茨·克拉默（1921—1945）

※ 约翰·米勒（1922—1944）　　　　※ 阿道夫·林克（1916—1945）

陆军第502/511重装甲营虎式/虎王坦克接收及保有数量统计表

接收日期	虎式坦克	虎王坦克	保有数量	备 注
1942.8.19	2	—	2	配属第1连
1942.8.20	2	—	4	配属第1连
1942.8.30	2	—	6	配属第1连，另有9辆三号L型
1942.9.25	3	—	9	配属第1连，另有9辆三号N型
1942.12.21	1	—	9	配属第2连
1942.12.22	1	—	10	配属第2连
1942.12.25	2	—	12	配属第2连
1942.12.26	3	—	15	配属第2连
1942.12.28	2	—	17	配属第2连，另有9辆三号N型
1943.2.5	3	—	14	配属第1连
1943.2.6	-9	—	5	9辆虎式移交第503重装甲营
1943.2.20	4	—	9	
1943.5.18	3	—	10	
1943.5.19	10	—	20	
1943.5.20	5	—	25	
1943.5.22	3	—	28	
1943.5.23	5	—	33	
1943.5.26	5	—	38	
1943.5.31	3	—	41	补充第1连
1943.6.1	4	—	45	补充第1连
1944.1.20	8	—	38	
1944.1.21	14	—	41	
1944.2.12	13	—	54	
1944.2.29	17	—	71	
1944.11.12	-6	—	?	6辆虎式移交第510重装甲营
1944.12.16	(2)	—	?	由"大德意志"师移交2辆虎式
1945.1.30	—	(3)	?	后移交第507重装甲营
1945.2.13	—	—	?	第1连接收10辆"追猎者"
1945.3.31	—	8	?	配属第3连
总 计	105	8		

第 2 章　陆军第 502/511 重装甲营

陆军第 502/511 重装甲营虎式/虎王坦克损失情况统计表

损失日期	损失数量	保有数量	备注
1942.11.25	1	8	被己方乘员摧毁
1943.1.18	5	3	2辆被击毁、1辆被缴获、2辆自毁
1943.1.31	1	2	被击毁
1943.3.31	2	7	被己方乘员摧毁
1943.7.23	1	44	被击毁
1943.8.2	1	43	被己方乘员摧毁
1943.8.5	1	42	被步兵反坦克武器击毁
1943.9.20	1	41	后送维修
1943.11.10	4	37	被击毁
1943.12.2	1	36	被缴获
1944.1.10	3	33	1辆被击毁，2辆送维修
1944.1.20	3	38	被击毁
1944.1.21	11	41	被击毁
1944.4.19	1	70	被己方乘员摧毁
1944.4.20	1	69	被ISU-152击毁
1944.4.22	1	68	被己方乘员摧毁
1944.3.30	1	67	毁于炮击
1944.4.7	2	65	被火炮及ISU-152击毁
1944.4.20	2	63	被击毁
1944.6.1	5	58	后送维修
1944.6.24	2	56	1辆被击毁、1辆自毁
1944.6.27	2	54	被己方乘员摧毁
1944.7.3	2	52	被己方乘员摧毁
1944.7.10	2	50	被击毁
1944.7.11	2	48	被反坦克炮击毁
1944.7.16	3	45	被击毁
1944.7.20	2	43	被SU-152击毁
1944.7.24	1	42	毁于炮击
1944.7.26	5	37	3辆被击毁、2辆送维修
1944.8.6	1	36	被己方乘员摧毁
1944.8.7	2	34	被苏军俘获的88毫米炮击毁
1944.8.9	1	33	被T-34/85击毁
1944.8.11	1	32	被苏军俘获的88毫米炮击毁
1944.8.12	3	29	被击毁
1944.8.13	1	28	被苏军俘获的88毫米炮击毁
1944.8.22	1	27	被击毁
1944.9.14	6	21	被击毁
1944.11.12	1	14	被击毁
1945.1.10	1	15	被击毁
1945.1.27	1	14	被击毁
1945.2.9	1	13	被击毁
1945.2.11	3	10	1辆被击毁、1辆缺油遗弃、1辆遭误击
1945.4.8	1	9	被击毁
1945.4.16	2	7	1辆被击毁
1945.4.22	2	5	因故障被遗弃
1945.4.24	2	3	被击毁
1945.4.27	1	2	被蓄意破坏
总　计	107		战损82%，自毁13%，其他原因损失5%

虎式坦克 全景战史

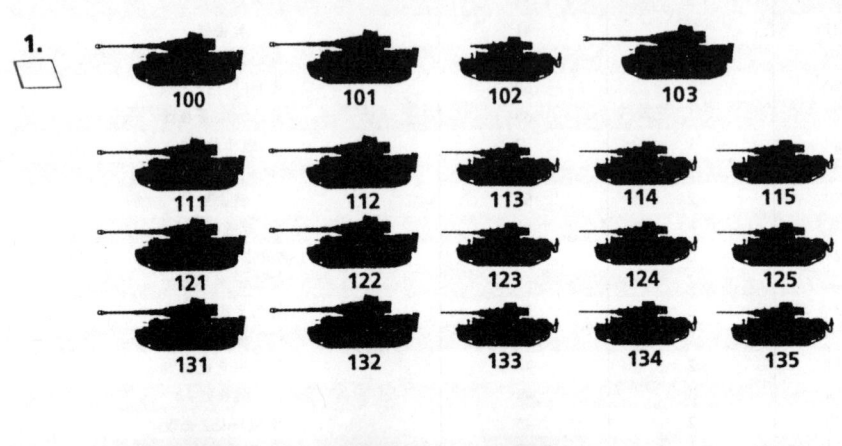

陆军第502重装甲营编制序列（1942年12月）

Ⅰ.
01　02　03　04　05　06　07
08

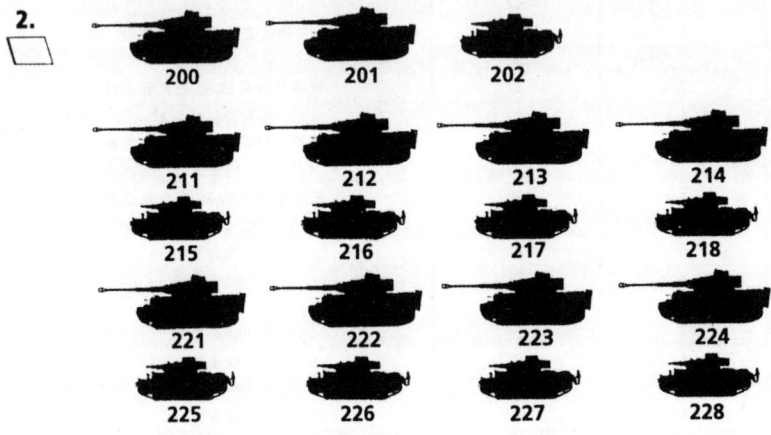

1.
100　101　102　103
111　112　113　114　115
121　122　123　124　125
131　132　133　134　135

2.
200　201　202
211　212　213　214
215　216　217　218
221　222　223　224
225　226　227　228

第 2 章　陆军第 502/511 重装甲营

陆军第 502 重装甲营编制序列（1943 年 2 月）

1. 1 2 3 4 5

127

陆军第502重装甲营编制序列（1943年春）

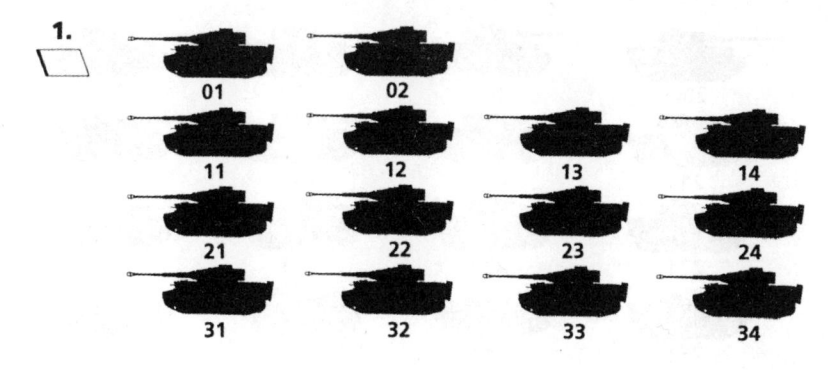

1.
01 02
11 12 13 14
21 22 23 24
31 32 33 34

虎式坦克 全景战史

陆军第502重装甲营编制序列（1944年3月）

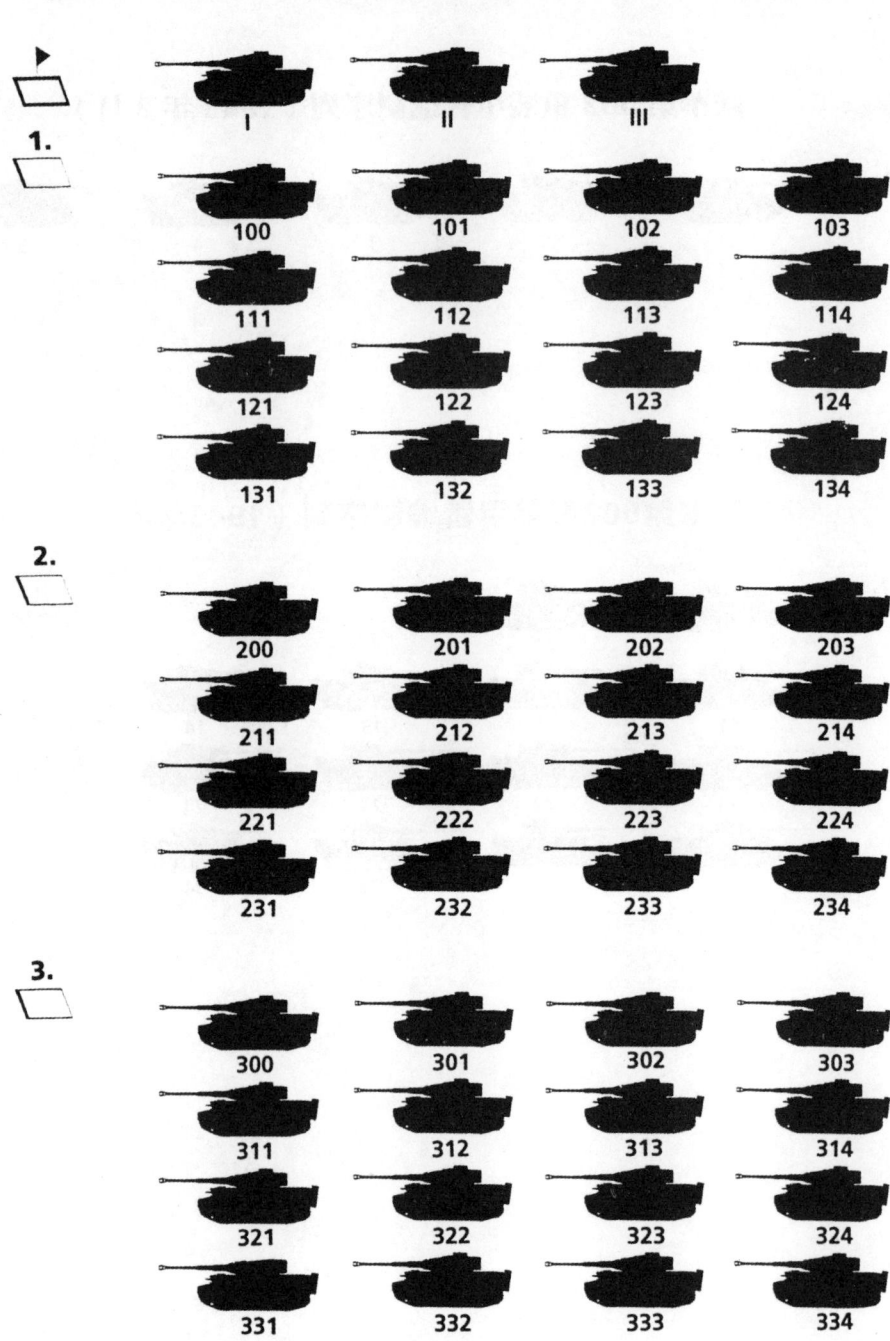

	I	II	III

1.

100	101	102	103
111	112	113	114
121	122	123	124
131	132	133	134

2.

200	201	202	203
211	212	213	214
221	222	223	224
231	232	233	234

3.

300	301	302	303
311	312	313	314
321	322	323	324
331	332	333	334

第 2 章　陆军第 502/511 重装甲营

| 104 | 105 | 106 | 107 | 108 |
| 115 | 116 | 117 | 118 | 119 |

| 204 | 205 | 206 | 207 | 208 |
| 215 | 216 | 217 | 218 | 219 |

| 304 | 305 | 306 | 307 | 308 |
| 315 | 316 | 317 | 318 | 319 |

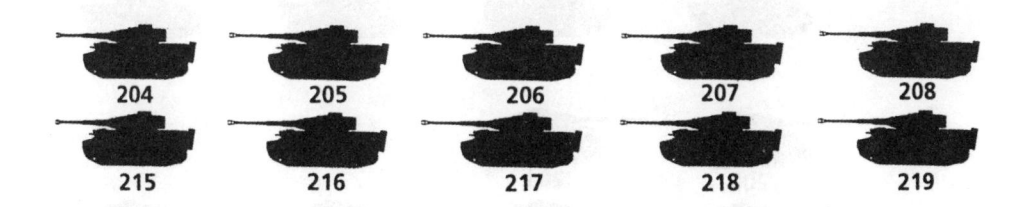

陆军第502重装甲营编制序列（1943年5月）

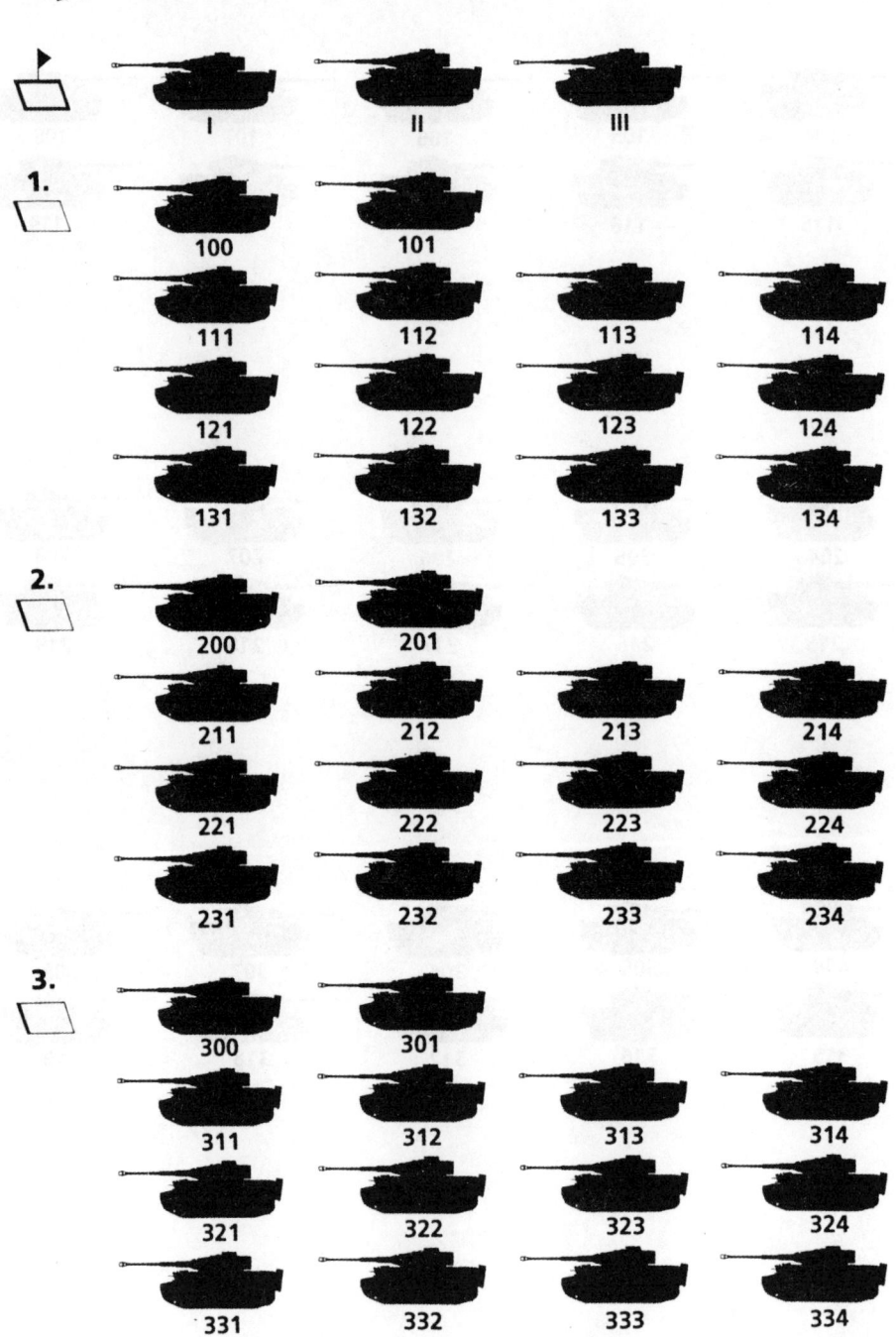

I	II	III	
1.			
100	101		
111	112	113	114
121	122	123	124
131	132	133	134
2.			
200	201		
211	212	213	214
221	222	223	224
231	232	233	234
3.			
300	301		
311	312	313	314
321	322	323	324
331	332	333	334

陆军第 511 重装甲营编制序列（1945 年 3 月）

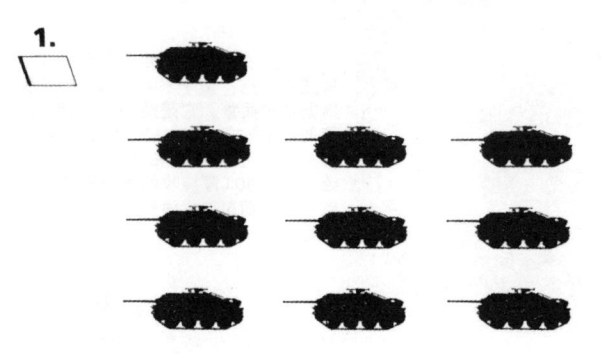

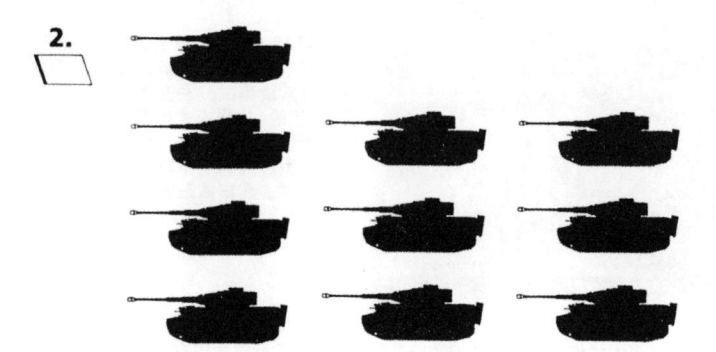

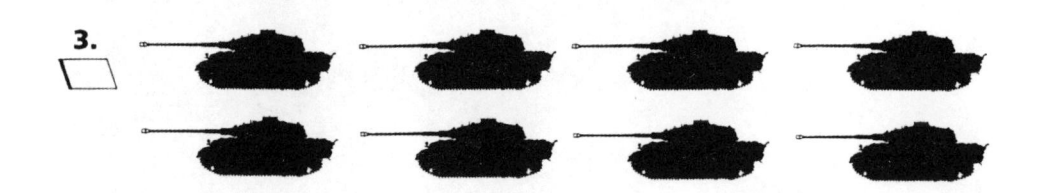

虎式坦克 全景战史

※ 左图 是第502重装甲营第1连112号虎式坦克，摄于1942年8月的法灵博斯特尔兵营。它是最初交付第502营的4辆虎式坦克中的一辆，其炮塔编号和十字徽都用白色线条简单勾绘，与第501营接收的第一批虎式坦克一样，第502营的坦克也没有安装侧裙板。

※ 1942年8月底，第502重装甲营奉命开赴东线北段，对新装备的虎式坦克进行实战测试。左图为东进途中该营第1连的113号虎式坦克在沃克火车站进行履带更换作业，可以注意到这辆初期型虎式的双车首灯安装在车体前部上方，在车体正面右上角还绘有营徽。

※ 下图 是第502重装甲营第1连111号虎式坦克正穿过林间道路开赴前线，请注意这辆坦克尚未安装炮塔储物箱，在炮塔后部绘有一个显眼的猛犸象营徽，车体尾部的引擎排气管也没有加装护罩。

第 2 章 陆军第 502/511 重装甲营

※ 所有早期组建的陆军重装甲营因为虎式坦克数量不足而混编有三号坦克，以补足编制。第502重装甲营在组建初期也配备了8辆三号L型坦克，该型坦克装备一门60倍径50毫米坦克炮，上图为该营的一位军士长依靠在一辆三号L型坦克旁边留影，注意坦克车体正面绘有营徽。

※ 右图　摄于1942年9月17日，第502重装甲营开赴列宁格勒前线途中，该营第1连连部的102号车（三号坦克）的车组成员勒奇列兵从炮塔侧面敞开的侧门探首笑对镜头。尽管受到舱门的遮挡，炮塔侧面的编号数字仍可看到，最有趣的是在炮塔舱门内侧还绘有一个小型的猛犸象营徽。

虎式坦克 全景战史

※ 1943年1月18日，第502重装甲营第1连的100号虎式被车组遗弃，随即被苏军完整无缺地缴获。上图摄于1943年6月该车在莫斯科进行展示期间。

※ 1943年1月18日与100号虎式一同落入苏军之手的还包括下图这辆121号，不过它损坏比较严重。下图是摄于它被苏军缴获之后，后来它经历了苏军的无数次射击测试。

第 2 章 陆军第 502/511 重装甲营

※ 由于地形条件不利，虎式坦克在列宁格勒前线的初战并不顺利，尽管取得了一定的战果，但自身也常常陷入困境，比如上图中浸泡在冰水中的第502重装甲营第1连的111号虎式坦克，它在1943年1月24日不慎滑入莫伊卡溪，德军用了三天时间才将其营救脱险。

※ 经过数月的战斗消耗，第502重装甲营第1连到1943年2月时仅剩下5辆虎式坦克，于是它们的车辆编号也改为了简单的1至5号。下图为该连3号车的车组成员在座车前的合影，注意车体已经涂绘了白色冬季伪装，相比全白的涂装样式略作变化，留有一些深色的楔形色块，以增加迷彩效果。

虎式坦克 全景战史

※ 上图 是1943年初拉多加湖战役期间拍摄的一幅战地照片,第502重装甲营的一支加油分队抵达集结地域,准备为虎式坦克补充燃料,注意照片右侧德军使用的苏联嘎斯卡车在轮胎上加装了防滑链,以适应冬季的冰雪路面。

※ 下图 是1943年初,第502重装甲营第1连的1号虎式坦克在等待工兵将一条反坦克壕沟填平,注意炮塔侧面的车辆编号。

第 2 章　陆军第 502/511 重装甲营

※ 上图　为1943年初抵达普罗勒塔尔斯卡亚的第502重装甲营第2连的虎式坦克，该连并未被派往东线北段与第1连会合，而是被调往东线南段，归属顿河集团军群指挥，后来并入第503重装甲营。

※ 下图　摄于1943年初，第502重装甲营第2连的215号车（三号N型）像一名忠实小弟，准备跟随虎式大哥投入首次战斗；与该营第1连装备的三号L型坦克不同，第2连配备的是装备75毫米炮的三号N型坦克。

虎式坦克 全景战史

※ 上图　是1943年初第502重装甲营第2连的212号虎式坦克在开赴前线途中进行加油作业，坦克车身涂以白色伪装，已经安装了侧裙板；有趣的是立在车身后部上方的两只油桶也涂以白色，可见德军的伪装工作进行得非常细致。

※ 下图　是第502重装甲营第2连的舍夫中尉（左一）在指挥虎式坦克首次与敌军交战后，和车组成员在座车上进食，补充体力；注意这辆虎式坦克右侧的一块裙板和一只外负重轮缺失，可能是战斗损伤的结果。

第 2 章　陆军第 502/511 重装甲营

※ 恶劣地形给虎式坦克带来的麻烦远胜于敌军，上图中第502重装甲营第1连赫尔曼上士的座车陷在一片泥潭中难以自拔，这位车长绰号"苏联英雄"，因为他的坦克在糟糕地形中挣扎的时间远远多于参与战斗的时间。

※ 下图　摄于1943年1月下旬，第502重装甲营第2连的一辆虎式坦克在马里乌波尔的维修厂接受修理，此时该连刚刚并入第503重装甲营，成为其第3连。

※ 上图　可能是第502营第1连的3号虎式，随着春天的临近，虎式坦克必须去除白色涂装，有时这项工作需要车组成员用刷子一点一点地进行，要花费数小时甚至数天时间才能完成。

虎式坦克 全景战史

※ 每逢季节更替，虎式坦克都要更换涂装，尤其是在春季要去除白色伪装，这项工作通常需要在战地完成。上图是第502重装甲营第1连的2号虎式坦克，炮塔和车身的白色涂装已经有多处剥落，露出灰色底色；下图是该营一辆编号不明的虎式坦克，可能是3号，其炮塔部位的白色涂装也已大片清除，需要重新涂装。

第 2 章　陆军第 502/511 重装甲营

※ 1943年春季，第502重装甲营第1连在补充后恢复满编状态，连内所辖虎式坦克的编号也改为双位数字。上图为该连14号坦克的车长在检查座车的防雨措施，注意炮塔侧面的白色编号。

※ 下图　是1943年春季第502重装甲营第1连第2排21号虎式坦克的三位车组成员在座车前留影，他们的制服破旧不整，但胸前佩戴着崭新的银制坦克突击章令他们神采飞扬。照片右侧的下士还获得了黑色战伤勋章，左侧的二等兵佩戴了二级铁十字勋章的勋带，而中间那位二等兵的制服上佩戴着装甲兵髑髅领章。

虎式坦克 全景战史

※ 上图 是第502重装甲营第1连的02号虎式坦克，摄于1943年春季托斯诺前线的某处据点。注意其炮塔侧面的车辆编号在白色数字基础上增添了若干黑色线条，降低编号的可视性，提高隐蔽性，在背景中还能看到一排临时搭建的简易车棚，停有另一辆虎式坦克。

※ 在东线春季战场上，融雪和降雨制造了数不胜数的泥潭沼泽。下图中，第502重装甲营第1连的21号虎式坦克不幸陷入其中，正在等待维修连的车辆前来救助，注意车首一侧的环扣上已经装上了拖曳钢索。

第 2 章　陆军第 502/511 重装甲营

※ 右图　摄于1943年7月1日，第502重装甲营的一群坦克兵们在21号虎式坦克旁边坐卧休息。注意炮塔侧面的车辆编号几乎与炮塔等高，而且被烟雾弹发射器隔开。

※ 由于先前组建的第502重装甲营第2连在1943年初并入第503营，德军在同年4月间重建了第502营第2连并组建了该营第3连，这两个连随后前往法国进行训练，下图为该营第2连的一辆虎式坦克行进在法国的乡村小镇中，路旁一名法国农夫正在安抚他的奶牛，防止被这些"老虎"惊吓。注意这辆虎式在车尾还安装着空气滤清器。

虎式坦克 全景战史

※ 上图　是第502重装甲营第2连的一辆虎式坦克停在法国普洛厄尔梅的乡间林荫道上，旁边的那辆车则是维修连连长的座车。与自然环境恶劣的东线相比，风和日丽的法国简直是人间天堂。

※ 下图　是一辆尚未涂绘任何标志的崭新虎式坦克跨越一条公路，这辆坦克属于第502重装甲营第2连或第3连，摄于在法国训练期间。

第2章　陆军第502/511重装甲营

※ 上图　摄于1943年5月，第502重装甲营第2连的虎式坦克纵队在法国乡间进行演习时行进在公路上，除了驾驶员外其他车组成员均将身体探出车外，而在战区这样做是很危险的，很可能是出于宣传目的而拍摄的照片，第一辆虎式上在驾驶员舱口处站立的军官即第2连连长拉特克上尉。

※ 在法国的舒适生活很快就结束了，第502重装甲营第2、3连于1943年6月奉命调往东线。下图为该营的虎式坦克在普洛厄尔梅装上火车之前补充弹药的情景，镜头近处是被丢弃的空弹药箱，注意这辆坦克在炮塔侧面加挂了备用履带板。

虎式坦克 全景战史

※ 1943年7月，随着第2、3连抵达前线，第502重装甲营终于达成满编，并统一采用标准的三位数字车辆编号。上图为该营第3连的312号虎式坦克在补充炮弹，注意这辆虎式在炮塔及车体侧面都绘有车辆编号，而十字徽移到车体侧面后部。

※ 在1943年夏季的第三次拉多加湖战役中，第502重装甲营的虎式坦克有力支援了步兵部队的作战行动。下图为战役期间，数名搭乘该营虎式坦克的党卫军士兵在抵达前线后下车，准备投入战斗，其中一位老兄居然将车首机枪的枪管当成踏脚点，而虎式坦克的驾驶员似乎注意到了这个举动，大概很想提醒这位党卫军战友："老虎很生气，后果很严重！"

第 2 章　陆军第 502/511 重装甲营

※ 在东线北段战场的恶劣地形上，虎式坦克的故障率和事故发生率都非常高，让重装甲营的回收排忙碌不已。上图为第502重装甲营的一辆虎式坦克因故障抛锚后准备由牵引车拖曳至后方基地，注意坦克炮塔已经转向车尾，右侧的前挡泥板向上翻起。

※ 下图　是第502重装甲营第2连的231号虎式坦克，此时它将炮塔转向左侧偏后位置，注意车体侧面后部的十字徽，第2连的十字徽非常独特，带有黑色的背景方块，注意车尾还装有空气滤清器。

虎式坦克 全景战史

※ 1943年8月2日，第502重装甲营第2连的221号虎式坦克受伤瘫痪在战场中间的无人地带，因无法回收被迫自行炸毁。从上图中可见坦克的炮塔顶盖已经被炸飞，如今这辆坦克的残骸在俄罗斯博物馆中公开展出。

※ 下图 是一辆德军马车从第502重装甲营第3连的312号虎式坦克旁边驶过，注意这辆坦克在炮塔储物箱背面也绘有车辆编号，而且车尾的空气滤清器已被拆除。

第 2 章　陆军第 502/511 重装甲营

※ 拉多加湖周边地区的地形异常多样复杂,不仅有森林和沼泽,还有崎岖的丘陵,这些地形给第502重装甲营虎式坦克的行动造成极大困扰,上图为第3连的3辆虎式坦克在一片岩石裸露的丘陵中穿行。

※ 在水网密集的东线北段战区,虎式坦克常常会坠入河道溪流中,极不情愿地做一次落水虎。下图为第502重装甲营第2连的212号虎式坦克滑入一条小河,河水几乎将车身淹没了,对于回收排来说要回收这辆坦克绝对是一个不小的挑战。

虎式坦克 全景战史

※ 上图　是两名第502重装甲营第3连的坦克兵在一辆经过伪装的虎式坦克前留影，这辆坦克显然经历了激烈的战斗，在车体正面还留有被敌军炮弹击中的痕迹，炮塔上的车长指挥塔似乎也被打飞了。

※ 下图　摄于1943年7月30日，第502重装甲营的一辆虎式在进行越野机动，履带和负重轮上都附着了大量的泥土，表明这辆坦克已经进行了长距离的越野行军。在战斗中，虎式坦克时常需要转移阵地，很多情况下要穿过缺乏道路的田野。

第2章　陆军第502/511重装甲营

※ 上图　是1943年夏季在96.2高地附近拍摄，一辆虎式坦克正准备将另一辆陷入松软泥土中的虎式拖离困境，它们均属于第502重装甲营，注意受困坦克车尾一根排气管的护罩已经在战斗中丢失，这次营救行动已经持续了一整天。

※ 在第三次拉多加湖战役结束后，第502重装甲营撤往战线后方休整数周。下图为该营在一片树林中进行紧急维修和补给的虎式坦克，每经历一次大作战，重装甲营的虎式坦克都需要进行一次长时间的维修。

虎式坦克 全景战史

※ 第502重装甲营第3连的321号虎式坦克在战斗中严重受损,必须送往后方工厂进行大修。上图为该车正登上铁路平板车,准备后送,从图中可以观察到它的受伤情况,左侧履带已不知去向,多个外负重轮丢失,侧裙板也残缺不全,车体后部有明显的烧灼痕迹,注意这辆坦克在炮塔侧面和车体侧面都绘有车辆编号。通常情况下,后送大修的虎式坦克将从装甲营的装备名册中除名,等同于永久损失,它们的位置将由新补充的坦克填补。

※ 下图 是第502重装甲营的维修人员正在后方基地维修一辆虎式坦克,为了拆卸主动轮,他们用铁管和树干搭建了一个简易吊架,然后用滑轮组吊起沉重部件。注意坦克右侧前挡泥板已经翻起,而且车体周围堆放了大量树枝作为伪装。

第 2 章　陆军第 502/511 重装甲营

※ 经过长时间的战斗后，第502重装甲营终于得到难得的休整，图为该营第3连314号虎式坦克的车组成员在一条小河旁休息，一名坦克兵还跳进河中畅游一番，何等清凉畅快啊！

虎式坦克 全景战史

154

※ 上图　与前页图摄于同期，在一个战友下河游泳的同时，岸上的其他人也刮须修面，整理内务。

※ 下面这幅第502重装甲营第1连113号虎式坦克的近照显示，这辆坦克的炮塔编号采用白色数字，而第2、3连的坦克多为黑色数字；更特别的是，其炮塔侧面还留有先前车辆编号的痕迹，可见原有编号的尺寸要大得多。

第 2 章　陆军第 502/511 重装甲营

※ 右图　是第502重装甲营第3连的312号虎式坦克在休整期间进行修理，被解脱的履带长长地铺放在地面上，车身上覆盖了大量植被，但炮塔储物箱背面的车辆编号仍隐约可见。

※ 下图　是第502重装甲营的一辆虎式坦克被部署在一处视野开阔的野战阵地上，坦克旁边是一处步兵掩体。对于坦克来说这种阵地非常暴露，容易遭到火力袭击，但是这种部署方式非常有助于鼓舞步兵的士气。

155

虎式坦克 全景战史

※ 上图　摄于1943年11月23日，第502重装甲营第1连的133号虎式坦克在转移途中压垮了一座木桥，侧翻到桥下，车长当场身亡，坦克也严重受损。虎式坦克重量颇大，对桥梁的承重能力有很高的要求，在战时往往需要对桥梁经过特别加固才能通过，尽管如此，这类塌桥事故仍然时有发生。

※ 下图　摄于1943年秋，第502重装甲营的一辆虎式坦克在内维尔附近的一处密林中进行短期休整，可见车身上涂有条纹迷彩图案，这种战役间歇的短期休整经常会被突然发生的小规模战斗所打断。

第 2 章　陆军第 502/511 重装甲营

※ 上图　第502重装甲营的一辆虎式坦克通过由工兵搭建的木制便桥，而一群工兵站在桥边的石堤上目送坦克过桥，并随时准备应付突发情况；在他们脚下的堤墙上靠着作为加固材料的成排木材，还有一名工兵蹲在桥面下，观察桥梁结构是否稳固。

※ 下图　是第502重装甲营第1连的113号及另一辆虎式坦克于转移途中在一处村庄休息，照片右侧的挎斗摩托也属于第1连，在挎斗前部绘有该连的战术符号。

虎式坦克 全景战史

※ 上图　是第502重装甲营第1连的134号虎式坦克车组在与他们的第六名车组成员——一头德国狼犬逗趣，而这位逗狗的下士身穿一件宽大的连体作战服。

※ 下图　是第502重装甲营一辆编号不明的虎式坦克在后方基地接受维修时的照片，在对车体内部结构进行焊接作业前，需要将坦克内的所有弹药都转移到车外，从这幅照片可以看出，虎式坦克的携弹量相当大。

第 2 章　陆军第 502/511 重装甲营

※ 1943年底，第502重装甲营再度奉命开赴列宁格勒前线。上图为该营营部连的部分车辆已被装上平板货车，包括一辆带有框形天线的中型无线电通信车、一部摩托车以及一辆轻型载员汽车。

※ 下图　是第502重装甲营的一辆由牵引车拖行的虎式坦克，被前车激起的漫天尘土所包围，对于在炮塔外观察情况的车组成员来说肯定不是一个令人愉快的时刻。

虎式坦克 全景战史

※ 上图 是第502重装甲营防空排装备的四联装20毫米机关炮近照，安装在一部半履带卡车底盘上。这种武器是二战时期德军最具威力的近程防空武器，射速极高，火力密集，不仅能够有效应对敌军飞机的低空空袭，在地面作战时也能用于压制敌军步兵，支援虎式坦克作战。

※ 下图 是第502重装甲营的一辆严重受损的虎式坦克正由其他车辆牵引，通过踏板驶上平板货车，准备运往后方工厂进行彻底维修。值得注意的是这辆坦克的履带安装方式，由于右侧的主动轮已经丢失，坦克履带被缩短，直接装在负重轮上。

第2章　陆军第502/511重装甲营

※ 上图　是第502重装甲营的一辆虎式坦克驶过一段正在修整的公路，旁边可以看到一台压路机。在东线战场的第一场雪降临前，需要花费大量劳力对道路进行修缮平整，但虎式坦克常常将工人们的努力毁于一旦。

※ 下图　是第502重装甲营的一辆虎式坦克正小心翼翼地通过一座木桥，车上车下的所有人都为此捏了一把汗。

虎式坦克 全景战史

※ 左图 是1943年冬季，第502重装甲营的两名虎式车组成员站在坦克旁，一边聊天，一边等待作战任务，他们的坦克已经涂以白色伪装，他们自己也穿上了白色伪装服。

※ 降雪掩盖了雷区的痕迹，使得地雷更难发现。下图这辆第502重装甲营的101号虎式坦克就不幸触雷，左侧履带被炸断。

第 2 章　陆军第 502/511 重装甲营

※ 在冬季作战时，由于路面冰雪湿滑，虎式坦克在行驶中更加容易发生事故，尤其在通过桥梁时。本页的两幅图片就拍摄于第502重装甲营于1943年至1944年冬季作战期间的一次坠桥事故现场，照片中这辆肚皮朝天侧卧桥底的虎式编号不明，对于回收排的官兵来说，这是不折不扣的噩梦。

虎式坦克 全景战史

※ 上图 是一个非常典型的营救场面：在一座断裂的木桥旁，第502重装甲营回收排的5辆重型牵引车已经各就各位，准备将侧翻在桥底的一辆虎式坦克拖离河床。这种严重的事故常常需要回收排动用所有人员和装备，用上很长的时间才能完成营救和回收。

※ 下图 是第502重装甲营回收排的官兵们在一处营救现场的留影，尽管由于镜头聚焦的原因，他们的面孔变得模糊不清，但是通过前面几幅事故场景的照片我们不难想象到他们脸上的疲惫和焦虑。

第 2 章　陆军第 502/511 重装甲营

※ 上图　是1944年2月第502重装甲营在东萨克桥头堡阵地附近作战时的一幅战地照片，三辆虎式坦克驶上一道白雪覆盖的低缓山脊，在它们周围是负责支援作战的步兵。

※ 下图　是第502重装甲营的虎式坦克在步兵伴随下越过雪地发起攻击，缺乏防护的步兵都聚集到坦克旁边，希望借助虎式坦克的钢铁躯体阻挡敌军的枪弹。实际上这种做法反而使敌军更加容易集中火力，给坦克和步兵带来更大的危险，合理的战术是步兵在坦克周围散开，分散敌军火力，制造突破机会。

虎式坦克 全景战史

※ 上图 是1944年2月,第502重装甲营的一名坦克兵正在他座车的炮管上画上第22个战果环。

※ 1944年2月底,第502重装甲营的兵力大幅超编,坦克数量比额定编制多出26辆,被平均分配到各连中,如下图中的219号车就是编入第2连第1排的一辆超编坦克,这时正有一位陆军宣传连的摄影师在该车上进行拍摄。

第 2 章　陆军第 502/511 重装甲营

※ 上图　摄于1944年初的东线北部战线上，一辆德军的马拉雪橇从停在路旁的第502重装甲营的虎式坦克前驶过。尽管德国拥有当时世界上最先进的工业技术，制造了最出色的坦克装甲车辆，但始终无法为其庞大的军队提供足够的机械装备，实际上德国陆军的机械化程度相当有限，各种畜力车辆仍十分普遍。

※ 右图　是在1944年3月31日的战斗中，第502重装甲营的一辆虎式被一枚大角度下落的炮弹直接击穿了炮塔顶盖而被彻底炸毁。这幅照片是德军在事后调查坦克残骸时拍摄的，可以清楚地看到指挥塔后方的炮塔顶盖上被炮弹击穿的孔洞。

虎式坦克 全景战史

※ 上图 摄于1944年初的一场战斗中,第502重装甲营的两辆虎式坦克正在穿过一段遭受猛烈炮击的战线,向新阵地转移,遍地的断枝和光秃秃的树干表明这里在被炮火毁灭之前是一处茂密的树林。

※ 下图 摄于1944年3月初,第502重装甲营第3连的332号虎式坦克在路面潮湿的公路上行进,融化的雪水使得东线的路况变得愈加糟糕,同时也提醒车组成员该给坦克更换涂装了。

第 2 章　陆军第 502/511 重装甲营

※ 上图　是1944年4月第502重装甲营第3连的315号虎式坦克在战线后方某座村庄内休息时的留影，从地上散乱的负重轮看可能是一处维修场；注意，直到此时，第3连还保持着在车体侧面绘制车辆编号的传统。

※ 下图　摄于1944年4月，第502重装甲营第2连的204号虎式坦克在受损后由牵引车拖曳撤离战线，它被炸断脱落的左侧履带堆放在炮塔顶部，从车辆编号看它也是一辆超编坦克。

虎式坦克 全景战史

170

※ 上图 摄于1944年4月底第502重装甲营第2连登上火车向新战区转移之时。由于战况紧急，为了节省时间，这些坦克没有更换窄幅履带就直接装车运走，从照片上可以看到履带边缘已经超出了平板货车的外侧。

※ 1944年5月，春季的泥泞期使得东线战场暂时归于平静，第502重装甲营获得了短暂的喘息，可以维修装备，休息身心，比如下图这位营部002号车的车组成员终于有时间好好抚摸一下他的两只宠物狗。

第 2 章　陆军第 502/511 重装甲营

※ 上图　摄于1944年6月第502重装甲营在奥斯特罗夫附近进行野战演习时，演习中第502重装甲营第3连的302号虎式坦克不慎陷入沼泽，车组成员将拖曳钢索装好后，就脱去外衣在坦克外享受阳光，等待救援队的到来。看来也是忙里偷闲，因祸得福啊。

※ 下图　摄于1944年6月的一次战斗后，第502重装甲营第2连218号虎式坦克的成员们以被炮弹打穿的炮管为背景留下了一张难忘的合影，注意在车体正面还有另一处深深的弹痕。

虎式坦克 全景战史

※ 上图 摄于1944年夏季，第502重装甲营第3连的319号虎式坦克从战场归来，其车体正面两侧加挂了履带板，左侧前挡泥板已经在战斗中失去了。

※ 下图 是1944年6月底，第502重装甲营第3连一辆虎式坦克的车组在享受大战前夕最后的和煦阳光，注意坦克炮管根部写有"希尔德加德"的名字，可能是坦克的昵称，或许是某位车组成员的女友或妻子的名字。

第 2 章　陆军第 502/511 重装甲营

※ 上图及右图　也是摄于1944年夏，这辆第502重装甲营的虎式坦克车号不明，车组别出心裁地将炮口制退器描绘成了一个张着血盆大口，露出尖牙利齿的虎头。

虎式坦克 全景战史

※ 上图及下图　是第502重装甲营第3连的308号虎式及其车组成员，这辆虎式的车长是第3连连长克里斯托弗·列奥哈特上尉。该车在1944年9月26日斩获了第502重装甲营的第1000个战果。

第2章　陆军第502/511重装甲营

※ 上图　经常被误认为是"警卫旗队"的虎式坦克，但其实是1945年2月在柯尼斯堡附近行动的第502重装甲营，左侧这辆是106号车。

※ 由于装备不足，第502重装甲营第1连在1945年2月还装备了10辆"追猎者"坦克歼击车，这种轻型装甲车辆与虎式坦克完全不在一个档次上，下图即为该连的其中一辆"追猎者"在柯尼斯堡地区战斗的照片。

虎式坦克 全景战史

176

※ 上面两张图　是苏军在皮劳陷落之后拍摄，这两辆虎式坦克都是第502重装甲营在最后阶段自毁的。

第2章 陆军第502/511重装甲营

※ 上面两张图 是1945年4月由美军在德国本土的霍尔茨豪森拍摄，经研究者确认为第511重装甲营第3连最后装备的8辆虎王中的一辆。

虎式坦克 全景战史

※ 上图及下图　是美军战后在卡塞尔以东不远处的海利根罗德（Heiligenrode）拍摄，1945年4月1日这辆虎式坦克在这里的一个高速公路桥上单独抵挡了美军几个小时，最后才被摧毁。经研究者确认该车为第511重装甲营第3连的车辆。上图是这个地点的稍远景，下图为几名美军男女士兵在该车的残骸上留影。这辆虎王的彩照及迷彩式样我们在前面的章节展示过。

第3章 陆军第503/"统帅堂"重装甲营

Schwere Panzer-Abteilung 503

陆军第503重装甲营于1942年5月4日在新鲁平组建,是最早组建的重装甲营,该营的首批官兵大多数来自第5装甲团和第6装甲团,首任营长为波斯特(Post)中校。

1942年8月初:第503营移驻维也纳附近的德勒斯海姆(Dollersheim)。

1942年9月:第503营以波尔舍公司的虎式原型车为对象进行前期训练,在决定装备亨舍尔公司的虎式之后,驾驶员和维修人员转移至卡塞尔进行训练,而车长、炮手和装填手的训练在普特洛斯进行。

1942年11月19日:德军最高统帅部原计划将第503营部署到北非战场,因此准备配备该营的虎式坦克接受了必要的改装,以适应热带沙漠的气候条件。

1942年12月:第503营接收了首批20辆虎式和31辆三号N型,组建了第1、2连。

1942年12月16日:第503营的部署地域由北非改为东线,该营车辆也进行了相应的改装。

1942年12月21日:第503营乘火车启程开赴东线,途经格弗里茨(Göfritz)、伦登堡(Lundenburg)、奥德尔贝格(Oderberg)、登布林(Deblin)、格雷斯特(Grest)、明斯克(Minsk)、戈梅利(Gomel)、哈尔科夫(Kharkov)、斯拉维扬斯克(Slawjansk)、罗斯托夫(Rostow)、普罗莱(Prole)和塔尔斯加亚(Tarskaja),最后抵达东线南端,配属于顿河集团军群。

1943年1月1日:第503营接到第一个战斗任务,守卫横跨马内奇河(Manytsch River)的大桥,这是高加索前线德军部队撤退的必经之路。

1943年1月2日:第503营与一个德国空军猎兵师的一部共同组成波斯特守备群。

1943年1月5日:为了阻止苏军部队在斯塔夫罗波尔(Stawropol)的突破,第503营被重新部署到更南的位置上,由海尔曼(Heilmann)上尉指挥的第503营第2连在

虎式坦克 全景战史

尼克拉耶沃斯基耶（Nikolajewskij）遭遇苏军的顽强抵抗，1辆三号坦克被击毁。鉴于苏军在斯塔夫罗波尔外围严密设防，第503营被迫在夜间撤往克拉斯诺耶斯科特洛特（Krassnoij Skotorot）。

1943年1月6日：第503营第1连与第128装甲掷弹兵团第2营一起向科纳尔特尔（Konartel）至斯塔夫罗波尔一线发起正面攻击，第503营第2连则从侧翼迂回，将苏军逐出了斯塔夫罗波尔，击毁18辆坦克，取得了该营战史上的首次重大胜利，随即追击敌军直至瑟隆卡峡谷（Ssolonka Gulch），1辆三号坦克被火炮击毁。在当日晚些时候，第503营撤回斯捷普诺耶（Stjepnoj），全营有17辆虎式和20辆三号可以作战。

1943年1月7日：第503营和第159装甲掷弹兵团第1营从维瑟尔耶（Wesselyj）出发，会同第17装甲师的一个装甲营向布德捷尼耶（Budjennyj）和布拉兹基耶（Bratzkyj）发动进攻，在戈洛耶湖（Lake Goloje）以东爆发了小规模战斗。傍晚，第503营的虎式坦克进至斯特捷波诺耶（Stjepnoj），后奉命退往普罗勒塔尔斯卡亚。

1943年1月8日：第503营经布登尼西（Budennxi）从左翼攻击维塞尔西（Wesselxi）西侧，黄昏之后重新部署到克拉斯诺耶斯科特洛特。

1943年1月9日：第503营的11辆虎式和12辆三号配合第128装甲掷弹兵团第2营进攻威瑟利（Wessely），但三次进攻均告失败。战斗中，第503营击毁了8辆T-34，但自身损失不小，在战斗结束后，全营仅有1辆虎式尚能作战，2辆虎式和1辆三号（144号）被击毁，被迫撤回普罗勒塔尔斯卡亚。第503营保有虎式坦克的数量降至18辆。

1943年1月10日：原计划第503营将各连可作战的坦克部署到布德诺瓦斯耶（Budenowskaja）附近，包括第1连的2辆虎式和3辆三号以及第2连的2辆虎式和2辆三号。在前日战斗中，121号、141号虎式遭到敌军炮火最为猛烈的攻击，被击中不下250次，伤痕累累，必须送工厂进行大修，第503营保有的坦克数量降至16辆。后来141号虎式坦克作为一件特殊的展品陈列在库默尔斯多夫（Kummersdorf）武器试验场。

1943年1月11日：第503营的2辆虎式和3辆三号在尼克拉耶沃斯基耶和罗曼诺夫（Romanoff）地区进行了成功的反击行动，夜间返回普罗勒塔尔斯卡亚。

1943年1月12日：第503营可用兵力为3辆虎式和10辆三号。

1943年1月13日：苏军向驻守巴特拉捷沃斯克耶（Batlajewskoje）、内梅茨科（Nemetzko）和波塔波沃斯基耶（Potapowskij）一线的第156掷弹兵团发起攻击，

第3章 陆军第503/"统帅堂"重装甲营

并在诺维马内奇（Nowy Manytsch）和巴拉尼基（Barannini）突破德军防线。第503营第2连（3辆虎式、6辆三号）奉命急行军至捷卡德里（Jekateri）、诺瓦卡（Nowka）地区，加入由第60掷弹兵团第2营和第243突击炮营组成的罗斯曼战斗群（Kampfgruppe Rossmann）。

1943年1月14日：罗斯曼战斗群向诺维马内奇发起反击，但虎式坦克未能渡过捷戈尔基河（Jegorky River），仅有三号坦克向巴拉尼基实施了攻击。在夜间，第503营又奔波60公里返回普罗勒塔尔斯卡亚。同日，第502营第2连从德国国内抵达前线，配属于第503营。

1943年1月15日：雅莫拉斯（Jammerath）少尉指挥的2辆虎式和6辆三号奉命支援卡普亨斯特战斗群（Kampfgruppe Kaphengst）向普罗勒塔尔斯卡亚以东10公里处的农场发动攻击，他们的行动得到党卫军"维京"装甲掷弹兵师一部的协助，另有2辆可以作战的三号坦克配属给第116装甲营。

1943年1月16日：第503营部分兵力撤过马内奇河。

1943年1月17日：苏军部队逼近普罗勒塔尔斯卡亚，并与德军遭遇。第503营开始向罗斯托夫撤退，驻布德诺耶（Budennoje）的部队最先启程，该营第2连的1辆虎式在战斗中受损，需要修理，但由于缺乏配件、战况紧急、难以后运，被迫在火车站将其炸毁，第503营保有的虎式坦克数量降至15辆。

1943年1月18日：由厄姆勒（Oemler）少尉指挥的轻型排在捷卡德里诺瓦卡（Jekaterinowka）附近警卫一个师指挥所。在当天的战斗中134号虎式坦克被击中。

1943年1月19日：第503营经萨尔斯克（Ssalsk）和泽里纳（Zelina）撤退至捷戈尔利克斯卡加（Jegorlikskaja），但有3辆三号坦克配属第116装甲营，仍然驻守在维瑟尔耶。

1943年1月20日：第503营在梅耶施捷丁斯卡加（Mjetschjetinskaja）休息，然后行军至卡亚尼克卡加（Kayalnickaja），厄姆勒少尉的轻型排也在当日归建。转移至勒森尼克夫（Resnikoff）的第116装甲营还有1辆三号坦克可用。第503营全营的可用兵力为2辆虎式和8辆三号。

1943年1月21日：第503营抵达巴泰斯克（Bataisk）。

1943年1月22日：第503营撤过顿河（Don River），在罗斯托夫火车站附近集结。由朗格（Lange）上尉指挥的第502营第2连（9辆虎式）正式并入第503营，成为该营的第3连，随着这支生力军的加入，第503营保有虎式坦克的数量增加到24辆。

1943年1月25日：埃里希·霍艾泽尔（Erich Hoheisel）中校接任第503营营长。

1943年1月26日：第503营第1连采用新编制，包括连部、轻型排（5辆三号）和两个装甲排（每排3辆虎式）。

1943年1月30日：第503营配属于第11装甲师。

1943年1月31日：第503营可用兵力为7辆虎式和16辆三号。

1943年2月1日：第503营第1连的坦克被平均分配给余下两个连，该营转隶于第23装甲师。

1943年2月2日：第503营可用兵力为7辆虎式和16辆三号。

1943年2月3日：第503营对所有装甲连进行重新编组。

1943年2月6日：巴泰斯克失守，已经运上火车的4辆三号坦克被迫炸毁。

1943年2月7日：冯·克贝尔（von Koerber）少尉和雅莫拉斯少尉各自指挥一个轻型排守卫罗斯托夫市郊，两天后，冯·克贝尔少尉在战斗中阵亡。

1943年2月8日：第503营被配属桑德尔战斗群（Kampfgruppe Sander），奉命经萨帕德恩西（Sapadnxi）从罗斯托夫西北攻击尼什尼（Nishne）和金洛沃斯卡加（Ginlowskaja），与在那里作战的第126步兵团取得联系，由于地形恶劣，苏军挖掘了反坦克壕，第503营拒绝将虎式坦克投入战斗。作为权宜之计，第503营将全部三号坦克集中起来组成一个临时的轻型连执行攻击任务，虎式坦克则被部署在克拉森西（Krassnxi）至恰尔提尔（Tschaltyr）一带防止苏军部队穿越铁路线。轻型连在攻击中摧毁了两个苏军纵队，击毁了12辆美制坦克和3门反坦克炮。不过，与该营的意愿相左的是：2辆三号坦克被配属于第51工兵营，掩护罗斯托夫西南郊。黄昏之后，第503营的虎式坦克继续奉命在克拉森西至恰尔提尔一线执行掩护任务，其余坦克调往萨帕德恩西火车站，支援桑德尔战斗群的作战。

1943年2月9日：第503营第2连（2辆虎式、11辆三号）奉命与冯·温宁战斗群（Kampfgruppe von Winning）一道救援尼什尼-金洛沃斯卡加一线阵地，之后向瑟梅尔尼科沃（Ssemernikowo）推进，由于伴随步兵传令错误，进攻被中止，击毁2门反坦克炮，损失2辆三号。

1943年2月10日：第503营的6辆虎式和10辆三号继续支援冯·温宁战斗群反击尼什尼-金洛沃斯卡加一线，由于地形不适，坦克部队没有向西深入，2辆虎式被配属桑德尔战斗群，从萨帕德恩西火车站朝瑟梅尔尼科沃西南的农场挺进，击毁2辆坦克和4门反坦克炮。当日第503营可用兵力为10辆虎式和18辆三号。

1943年2月11日：第503营已经被完全分散了，朗格上尉指挥第3连的虎式支援工兵营在罗斯托夫西面作战，剩余的三号坦克作为预备队留在罗斯托夫西南部，2辆虎式再次配属于桑德尔战斗群，并向瑟梅尔尼科沃的农场展开攻击，击毁1辆T-34、5

第3章 陆军第503/"统帅堂"重装甲营

辆美制坦克和10门反坦克炮。

1943年2月12日：第503营在没有步兵支援的情况下再次向农场展开攻击，击毁5门反坦克炮。第503营第2连奉命守卫萨帕德恩西火车站北面的工厂，第3连守卫克拉森西至恰尔提尔一线。

1943年2月13日：德军计划撤往罗斯托夫以西地区，第503营尚有6辆虎式可以作战，在所有三号尚未归建的情况下，该营撤往维瑟尔耶，15辆三号组成的轻型连被配属给桑德尔战斗群，继续在萨帕德恩西火车站以北的工厂区担任掩护。

1943年2月14日：第503营第2连击退了苏军对萨帕德恩西火车站的进攻，掩护桑德尔战斗群的撤退，然后在恰尔提尔以西进行了一次阻滞战斗。

1943年2月15日：第503营（欠第2连）经萨姆贝克（Ssambeck）行军至特洛兹克杰（Troizkoje），第2连转移至埃波罗莫沃卡（Abromowka）。

1943年2月16日：撤退途中103号三号坦克不慎压碎了米乌斯河（Mius River）的冰面，沉入河底。

1943年2月17日：第503营在安德勒捷沃（Andrejewo）、马勒恩特耶沃斯基耶（Malentjewskij）一带集结。

1943年2月18日：第503营重新部署在波尔斯卡加（Bolscchaja）至梅克里诺沃卡（Meklinowka）一线，但虎式坦克迟一天才进入阵地。

1943年2月19日：轻型连的8辆三号和2辆虎式奉命前往威尔施尼（Werchne）至施尔洛基耶（Schirokij）一线，对克鲁格里克（Kruglik）和舒温（Sewin）展开攻击。

1943年2月20日：攻击继续进行，克鲁格里克和舒温均被攻克。由于发现敌军坦克部队出现在战场上，计划对安纳斯塔斯耶沃卡（Anastassijewka）的攻击行动临时取消，在随后的防御战中有7辆T-34被虎式击毁，随后第503营的坦克撤回威尔施尼-施尔洛基耶一线。

1943年2月21日：德军按计划攻击安纳斯塔斯耶沃卡，2辆虎式和8辆三号投入进攻，遭遇苏军的顽强抵抗，摧毁了12辆T-34和8门反坦克炮，损失2辆三号。

1943年2月22日：第503营的2辆虎式和3辆三号被部署在萨尔玛茨卡加（Ssarmatskaja）附近的掩护阵地上，在清晨时分击退了苏军的一次大规模正面进攻，击毁4辆T-34和3门反坦克炮，损失1辆虎式和1辆三号。第503营保有的虎式坦克数量降至23辆。随后，第503营撤往塔甘罗格（Taganrog）附近的克罗斯克耶（Krowskoje），进行了近六周的休整。

1943年2月28日：第503营可用兵力为4辆虎式和10辆三号。

1943年3月10日：第503营可用兵力为6辆虎式和10辆三号，有2辆虎式被运往后方大修，该营保有的虎式坦克数量降至21辆。

1943年3月19日：第503营可用兵力为9辆虎式和12辆三号。

1943年3月31日：第503营可用兵力为9辆虎式和18辆三号，五个从帕德博恩开赴前线的新车组被配属给第503营，他们原本计划编入第504营，这些新成员都自愿听从芬德萨克（Fendesack）上士的领导，而且要求编在同一个排。此外，10辆新虎式被补充到第503营第1连，使全营保有虎式坦克的数量增至31辆。

1943年4月11日：第503营乘火车经马里乌波尔（Mariupol）前往哈尔科夫以西70公里的博戈杜霍夫（Bogoduchow），配属于南方集团军群。

1943年4月20日：第503营的可用兵力为28辆虎式和13辆三号N型，同日又有10辆新虎式交付该营，使保有虎式坦克数量增至41辆。

1943年4月30日：第503营的可用兵力为37辆虎式和13辆三号N型，同日又有4辆新虎式交付该营，使保有虎式坦克数量增至45辆，达到满编状态。

1943年5月10日：第503营被部署到哈尔科夫，45辆虎式全部可以作战，而原有的三号坦克重新配属到其他部队。同日克莱门斯–海因里希·冯·卡格内克（Clemens-Heinrich Graf von Kageneck）上尉担任第503营新任营长。

1943年5月20日：第503营有38辆虎式可以作战。

1943年5月31日：第503营有42辆虎式可以作战，被配属于肯普夫战役集群。

1943年6月初：第503营第3连参与了第7装甲师的一次作战演习。

1943年6月10日：第503营可用兵力为38辆虎式。

1943年6月13日至22日：第503营第1、2连被派往第38步兵师、第161步兵师和第282步兵师的防区内，进行直瞄拔点作战，利用88毫米炮的出色精度对苏军前沿阵地的火力点实施精确打击，总共发射炮弹1662发，击毁2辆T-34和11门反坦克炮，摧毁401座碉堡掩体。

1943年6月20日：第503营可用兵力为36辆虎式。

1943年6月27日：虎式坦克在前线为来访的土耳其军事代表团进行了一次精确炮击试演。

1943年6月30日：第503营可用兵力为40辆虎式。

1943年7月1日：第503营在特洛克诺耶（Tolokonoje）集结，为即将开始的"堡垒"行动积极备战，根据作战计划，第503营的三个装甲连将分散配置到担负进攻任务的三个装甲师中，此举受到营长的强烈反对，但无法改变命令。第503营第1连配属于第6装甲师，第2连配属于第19装甲师，第3连配属于第7装甲师。

1943年7月5日：库尔斯克战役开始，第503营以42辆虎式的兵力投入进攻，该营

第3章　陆军第503/"统帅堂"重装甲营

第1连向米哈伊洛夫卡（Michailowka）和斯塔里耶格洛德（Staryj Gorod）一线攻击；第2连在米哈伊洛夫卡附近陷入雷区，几乎所有坦克都触雷受损；第3连试图在别尔哥罗德（Bjelgorod）西南7公里的瑟洛米诺（Ssolomino）渡过顿涅茨河（Donez），结果321号车陷入河滩的烂泥中，直到当天下午工兵才建起一座浮桥，供坦克通过，在拉斯乌姆诺耶（Rasumnoje）附近击退了苏军的一次反击，一举击毁了34辆T-34。

1943年7月6日：第503营第1连夺取拉斯乌姆诺耶，第3连沿着一条小河继续向杰内拉奥瓦卡村（Generalowka）进攻。

1943年7月7日：第503营第1连占领了加斯特罗波沃（Jastrebowo）和苏尔基乌特科沃（Ssewrjutkowo）。

1943年7月8日：第503营第1连向梅尔雷克霍沃（Melechowo）及其北面的高地发起攻击，经过四天的战斗，该连仅剩4辆虎式可以作战。第3连则沿着从克鲁特耶罗格（Krutoj Log）、巴特拉兹卡加达洽（Batratzkaja Datscha）、梅加索耶（Mjasoj）、多沃（Dowo）和至舍伊诺（Scheino）的路线一路拼杀，向北突击。营长冯·卡格内克上尉在当天的战斗中受伤，由汉斯-于尔根·布尔梅斯特（Hans-Jürgen Burmester）上尉代理指挥。

1943年7月9日：第503营第1连在梅尔雷克霍沃北面的高地防守，继而向威尔施诺（Werchno）至奥尔舍梅兹（Olchomez）一线攻击。

1943年7月10日：第503营尚能作战的22辆虎式与第11装甲团一道经斯瓦尔比（Swarbi）、顿涅茨（Donez）向拉沙维兹（Rschawez）挺进，哈泽（Haase军士长，座车为131号）代替患病的芬德萨克上士指挥作战，在当天的战斗中第503营击毁了16辆T-34，2辆虎式全损，该营保有虎式坦克的数量降至43辆。

1943年7月11日：第503营在拉沙维兹附近进行防御作战。

1943年7月12日：第503营向克鲁克瓦卡（Korukowka）的一处反坦克阵地发起攻击，1辆虎式被击毁，该营保有虎式坦克数量降至42辆。

1943年7月14日：第503营当天再度有1辆虎式全损，保有数量降至41辆。

1943年7月20日：第503营当日可用兵力为15辆虎式。

1943年7月22日：第503营的2辆虎式配属于第19装甲师第73装甲掷弹兵团，在一处农场附近建立了防御阵地，在上午的战斗中就击毁了10辆苏军坦克，在下午又有7辆T-34在阵地前化为废铁。该营的6辆虎式加入第6装甲师的贝克战斗群（Kampfgruppe Bäke），向波恩基（Bonki）附近的224.3高地发动反击，摧毁数辆T-34。

1943年7月23日：第503营协同其他部队继续实施了成功的反击，但付出了一定的代价，有3辆虎式被击毁，全营保有虎式坦克的数量降至38辆。

1943年7月24日：第503营与贝克战斗群解除隶属关系。

1943年7月31日：第503营可用兵力为9辆虎式。

1943年8月1日：第503营可用兵力为6辆虎式。

1943年8月1日至7日：第503营所有可以作战的坦克参加了第11军在别尔哥罗德附近的防御作战，其余坦克则在哈尔科夫进行维修。

1943年8月4日：第503营的6辆虎式与第11装甲团一道部署在240.5高地，阻止苏军向奥尔罗瓦卡（Orlowka）推进。

1943年8月5日：尽管战场形势仍不明朗，驻守在240.5高地的虎式被配属给第169步兵师，但是就在它们抵达第169师防区时，苏军突袭了贝萨诺瓦卡（Bessanowka）和240.5高地，迫使这些坦克又马不停蹄地回防高地，稳定战线。

1943年8月7日：第503营可用兵力为7辆虎式。

1943年8月8日：第503营第1连与第3装甲师一起部署在德尔加基（Dergatschi）以北地区。

1943年8月8日至10日：第503营第3连的魏纳特（Weinert）少尉指挥4辆虎式在马克斯莫沃卡（Maximowka）附近占领阵地，掩护党卫军"帝国"装甲掷弹兵师的侧翼，在战斗中击毁3辆T-34。

1943年8月10日：第503营尚有11辆虎式可以作战。

1943年8月11日：第503营在费斯基耶（Feskij）集结了13辆虎式。

1943年8月12日：第503营配属于党卫军"帝国"师，向马克斯莫沃卡火车站转移，在当天下午的进攻中夺取了高里斯基（Gawrischi）火车站，建立了一处防御阵地，在深夜23时又奉命返回波甫洛沃（Powlowo）。

1943年8月13日：第503营再次配属于党卫军部队，协同党卫军"髑髅"师"艾克"装甲掷弹兵团第3营向克鲁斯舒沃（Chrustschtschewo）和尼基托瓦卡（Nikitowka）一线进行攻击，击毁数辆坦克，1辆虎式全损，该营保有坦克数量降至37辆。

1943年8月14日：第503营被重新部署至马基诺（Marjino），支援"艾克"团向切尔温西（Tscherwinxi）和普拉波尔（Prapor）发动攻击。

1943年8月15日：第503营出动13辆虎式经梅德加尼基耶（Medjanikij）、比迪洛（Bidilo）和萨察林（Ssachalin）向南攻击，直指特鲁德尔耶乌波瓦卡（Trudeljubowka）。

1943年8月16日：第503营重新部署在维瑟科波尔（Wyssokopol），受"艾克"团

第 3 章　陆军第 503/"统帅堂"重装甲营

的直接控制和指挥。

1943年8月17日：自7月5日起，第503营在库尔斯克战场南线的战斗中已经摧毁了385辆坦克、4辆自行火炮和265门反坦克炮。

1943年8月18日至19日：第503营的8辆虎式协同党卫军"维京"装甲掷弹兵师第5装甲团向马克斯莫沃卡东北的228.1高地展开攻击，击毁47辆T-34、2辆IS-122和3门反坦克炮。当天第503营可用兵力为9辆虎式。

1943年8月20日：第503营可用兵力为13辆虎式。

1943年8月22日：第503营可用兵力为10辆虎式。

1943年8月22日至23日：12辆新的虎式交付第503营，使保有坦克数量增至49辆。同日，该营转隶于第10装甲旅，从马克斯莫沃卡转移至韦斯索考波尔基（Wyssokopolje）。

1943年8月24日：第503营奉命将3辆虎式转隶于第223步兵师，第503营第2连的6辆虎式调至该师位于舒施里尼（Ssuchlini）的阵地。营长接到一个相当荒谬的命令：沿着整条前线运动，以鼓舞步兵的士气！他建议发动几次小规模攻击，在击毁7门反坦克炮并损失1辆虎式后偃旗息鼓了。同日，另外2辆虎式触雷受损，所幸都被成功地拖回己方阵地。第503营第2连稍晚被重新部署在维瑟科波尔。第503营保有虎式坦克的数量降至48辆。

1943年8月28日：第503营可以作战的虎式坦克有33辆，与第223步兵师一道布置在梅尔特斯奇科（Mertschik）的防御地带，其防御正面竟达18公里！

1943年8月29日：面对苏军的猛烈攻击，仅凭一个步兵师加一个装甲营是难以守住如此漫长的防线，在令人疲惫的战斗中第503营有7辆虎式严重受损，其中2辆无法修复，保有坦克数量降至46辆。

1943年8月30日：第503营和第223步兵师撤离阵地，经科沃加基（Kowjagi）转移至新沃多拉加（Nowo Wodolaga），转隶于第52军。

1943年8月31日：第503营第3连奉命从西面攻击格鲁波夫（Goluboff）西北的160.3高地，由于上级指挥机关没有对这次行动进行有效协调，导致该连在接敌运动中遭到己方1辆突击炮的误击，有3辆虎式中弹，其中1辆全毁，该营保有坦克数量降至45辆。第503营第1、2连的12辆虎式奉命调往诺沃波塞洛克（Nowo Posselok）附近的铁路路堤。

1943年9月1日：第503营有18辆虎式可以作战。该营从诺沃波塞洛克展开攻击，7辆虎式夺取了161.6和108.1高地。

1943年9月1日至6日：按照上级指挥部的明确指令，第503营被迫在彼此相隔2公里的三个高地上每座高地部署了3辆虎式,而且没有步兵支援,这一错误部署导致在防御战斗中1辆虎式全损,4辆受伤,其余的虎式准备从路堤后面发动反击,却遭到路堤北面161.6高地、208.2高地和204高地上苏军火力的袭击,直到当晚22时,剩下的8辆虎式才被允许撤退,前往里亚布施诺(Rjabuchino)西北2公里的144高地待命。第503营保有的坦克数量降至44辆。第503营由鲁贝尔(Rubbel)下士驾驶114号虎式在送修理时,被装上一辆铁路平板货车,由30名士兵将其推过第聂伯河铁路桥!

1943年9月8日:第503营在博尔基(Borki)和里亚布施诺之间的93高地及187.2高地进行防御战。

1943年9月9日:第503营奉命在晚间20时出发,经帕拉斯克维加(Paraskoweja)行军至捷弗雷莫夫卡(Jefremowka)。

1943年9月10日:第503营可用兵力为11辆虎式,所有坦克均派往党卫军骑兵师的防区作战,之后转移到第293步兵师的防区,阵地位置靠近里亚苏勒韦沙农场(Ljasurewitscha)和192.6高地。

1943年9月12日:第503营在塔罗诺夫卡(Taranowka)以南地区进行防御作战。

1943年9月13日:在德军于晚上19时从前沿阵地全线撤退前,第503营要求额外的时间用以回收4辆需要修理的虎式和2辆陷入泥沼的18吨牵引车,唯一可能的路线是经苏克霍塞-里亚布舍恩科(Sowchose Ljubtschenko)、贝德涅亚克(Bednjak)、捷弗雷莫夫卡送往后方。在19时之前,由龙多夫候补军官(Rondorf)指挥的4辆可用的虎式奉命在19时之前坚守在阵地上,最后只有3辆虎式成功撤到捷弗雷莫夫卡,334号虎式只能炸毁,第503营保有的坦克数量降至43辆。由瓦尔特·舍夫(Walter Scherf)中尉指挥的最后3辆可以行动的虎式以及4辆牵引车拖带着8辆受损的虎式于深夜抵达帕拉斯克维加,所有车辆都需要进行维修。

1943年9月14日:中午时分,3辆修复的虎式与第293步兵师一道向200.8高地发起反击。

1943年9月15日:在军指挥部,代理营长布尔梅斯特上尉直到很晚才被告知防线将后移至克拉斯诺格拉德(Krassnograd)以西,而此时第503营仍有8辆受损的坦克滞留在该城以东,另有29辆坦克还在城内维修!

1943年9月17日:第503营正在修理的11辆坦克在克拉斯诺格拉德被装上火车,但有3辆坦克因为没有履带而被留在后面,其余的坦克以履带行军的方式向西撤退,而且上级命令该营不能沿直线撤退,要先向西南方的第聂伯罗彼得罗夫斯克(Dnepropetrowsk)前进,然后才能转向西撤退。布尔梅斯特上尉对此提出强烈异

第3章　陆军第503/"统帅堂"重装甲营

议，这项命令才被更改。此时，布尔梅斯特上尉实际上已经失去了对第503营的指挥，他甚至不能够离开军指挥所。当营长冯·卡格内克上尉康复归队时，发现部队的状况极其糟糕，于是越级直接向第8集团军司令部提出申述。

1943年9月19日至25日：第503营以单纵队队形在克列缅丘格（Krementschug）附近渡过第聂伯河，转移至斯纳门卡（Snamenka）。

1943年9月21日：第503营再次配属给第8集团军，之后又与无能的第52军一起转隶于第1装甲集团军。

1943年9月22日：第503营配属于第52军的最后两辆虎式在第聂伯罗彼得罗夫斯克装上火车，运往斯纳门卡归建。

1943年9月26日：第503营最后一部分兵力抵达斯纳门卡，完成了前往第聂伯河以西的撤退行动。从1943年7月5日起，第503营已经摧毁了501辆坦克、388门反坦克炮、79门野战炮和8架飞机！

1943年9月30日：第503营的所有坦克都需要维修，其中4辆必须送回工厂大修，该营保有的虎式坦克数量降至39辆。

1943年10月4日：第503营没有一辆坦克可以作战。

1943年10月10日：第503营有4辆虎式修复完毕，可以行动。

1943年10月20日：第503营的可用兵力增至11辆虎式。

1943年10月30日：由魏纳特少尉指挥的4辆虎式乘火车前往克列缅丘格西南的帕弗里施（Pavlish），作为军预备队部署在乌斯彭斯科耶（Uspenskoje），但在行动中离奇失踪。第503营保有的坦克数量降至35辆。

1943年11月1日：第503营可用兵力为11辆虎式，配属于第11军。

1943年11月10日：第503营可用兵力为18辆虎式。

1943年11月13日：由屈索夫（Cüsow）少尉指挥的7辆虎式被派往基洛夫格勒（Kirowograd），在防御战斗中全部战损，第503营保有的坦克数量降至28辆。

1943年11月20日：第503营可用兵力为9辆虎式。

1943年11月30日：第503营有9辆虎式做好战斗准备。

1943年12月10日：第503营可用兵力为5辆虎式。

1943年12月20日：第503营仅有1辆虎式可用，3辆坦克送往后方基地大修，保有坦克数量降至25辆。

1944年1月1日：第503营可用兵力为4辆虎式，由南方集团军群直辖。

1944年1月3日：第503营得到45辆新虎式的补充，但这批车辆存在很多问题，有11辆发生引擎起火故障，1辆被完全烧毁，该营保有虎式坦克数量增至69辆。

虎式坦克 全景战史

1944年1月9日：第503营与第23装甲团第2营在施梅尔林卡（Shmerinka）进行防御。

1944年1月10日：第503营第3连被配属于第371步兵师，对苏提斯基（Ssutiski）附近的苏军桥头堡阵地发动反击，在中午夺取了舒克夫兹（Shukowzy），击毁2辆SU-122，在黄昏时分又攻取了诺沃彼得罗夫斯克（Nowo Petrowsk），击毁8辆坦克。

1944年1月19日至20日：第503营乘火车由施梅尔林卡运至文尼察（Winniza）。在1944年1月中旬，第6装甲师第11装甲团团长弗兰茨·贝克（Franz Bäke）中校奉命组建一支重装甲部队，由第503重装甲营（34辆虎式）、第23装甲团第2营（46辆"黑豹"）、第88摩托化炮兵团第1营（18辆自行火炮）及其一个工兵营和一个山地步兵营组成，被称为"贝克重装甲团"，组建该团的目的是应对出现在文尼察以北的五个苏军坦克军可能发动的进攻。

1944年1月24日：当日清晨6时，贝克重装甲团向西北方发动进攻，第503营第1连连长阿达梅克（Adamek）中尉的座车中弹受损，他在试图更换坦克时阵亡，克贝尔（Koerber）少尉代理连长，但他也在晚上受重伤，进攻在尼洛提基切（Gniloi Tikitsch）附近的小溪处陷入停顿。

1943年1月25日：德军装甲部队越过小溪继续进攻，突破了苏军的反坦克阵地和雷区，夺取了索索夫（Ssosoff），几乎所有坦克都耗尽了弹药。

1944年1月26日：直到中午时分才得到补给，于下午恢复进攻。

1944年1月27日：第503营在奥切雷特纳贾（Otscheretnja）以南地区作战，332号虎式被党卫军第1"警卫旗队"装甲师的"黑豹"误击损毁，该营的保有坦克数量降至68辆。

1944年1月28日：第503营突入奥拉托夫（Oratoff）火车站。

1944年1月29日：奥拉托夫附近的战斗中，第503营第1连的112号、132号虎式中弹受损，未能成功回收，最后战损，该营保有坦克数量降至66辆。在五天的战斗中，贝克重装甲团表现出强悍的战斗力，击毁267辆坦克，损失3辆虎式和4辆"黑豹"。

1944年1月30日：在奥拉托夫附近，第503营的虎式与从东面攻来的第2装甲团的坦克取得了联系，从而封闭了在巴拉纳诺夫卡（Balananowka）地区形成的包围圈，被围苏军部队在数小时内被全部歼灭。营长冯·卡格内克上尉再次负伤，由布尔梅斯特上尉二度接替指挥。

1944年1月31日：第503营在奥拉托夫西北部进行防御作战，有18辆坦克可以使用。

1944年2月1日：第503营有13辆虎式可以作战，配属于第3装甲军。

第 3 章　陆军第 503/"统帅堂"重装甲营

　　1944年2月2日：第503营乘火车经摩纳斯提里彻（Monastyrischtsche）和克里斯提诺夫卡（Christinowka）转运至波塔施（Potasch）。

　　1944年2月4日：第503营再次作为贝克重装甲团的核心加入第3装甲军的突击集团，与第16、17装甲师一道解救在切尔卡瑟被围的第11军和第32军。由于布尔梅斯特上尉也受伤离队，该营18辆可以作战的虎式由舍夫中尉指挥投入进攻。起初，进攻指向梅德温（Medwin），并且推进到库切夫卡（Kutschowka）。

　　1944年2月5日：由芬德萨克上士指挥的装甲排夺取了沃提勒夫卡（Wotylewka），击毁数辆苏军坦克。

　　1944年2月6日：第503营的3辆虎式被部署在沃提勒夫卡的掩护阵地上，在防御战斗中击毁了几辆苏军坦克，所有虎式的弹药再度告急。

　　1944年2月7日：第503营朝着格尼洛伊季基奇河（Gniloy Tikich）向北发动攻击，在波加尔卡（Bojarka）附近的泥泞地带陷入困顿。部分坦克仍在沃提勒夫卡担负掩护任务，击毁了数辆SU-152自行火炮。

　　1944年2月8日：第503营在沃提勒夫卡附近的战斗中击毁5辆坦克，由于缺少燃料，对包罗夫卡（Pawlowka）的反击行动被迫暂停，直到晚间重新加油后才恢复攻击。

　　1944年2月9日：由于气温下降，地面封冻，使得战场地形变得适于坦克行动。贝克重装甲团在舒贝尼克斯塔夫（Schubennxistaw）集结。

　　1944年2月11日：第3装甲军进行了重新部署，之后沿着最短的路线从维诺格拉德（Winograd）出发，经布沙恩卡（Bushanka）、里斯加恩卡（Lissjanka）向东挺进。当布沙恩卡横跨格尼洛伊季基奇河的桥梁被苏军炸毁后，第3装甲军命令装甲部队改在弗兰克夫卡（Frankowka）涉水过河。

　　1944年2月12日：苏军大约80辆坦克在弗兰克夫卡以北集结，遭到德军装甲部队的突袭，在虎式坦克的掩护下，"黑豹"坦克从右侧包抄，大约击毁了70辆坦克和40门反坦克炮，损失4辆虎式和4辆"黑豹"。在黄昏之后，贝克重装甲团在切瑟诺夫卡（Tschessnowka）以南1.5公里处建立了环形防御阵地。第503营保有的虎式坦克数量降至62辆。

　　1944年2月13日：德军向梅德温至里斯加恩卡的公路一线继续进攻，击毁5辆T-34，由于第1装甲师推进迟缓，贝克重装甲团的13辆虎式和12辆"黑豹"不得不停留在主干道左侧，等待友邻部队跟进，因此未能及时夺取里斯加恩卡。15辆苏军坦克从奇什尼兹（Chishinzy）方向反动反击，被德军轻易挫败，几乎所有坦克均被击毁。激烈的战斗使一线部队物资消耗极大，最后不得不动用Ju 52运输机在当天下午紧急空投补给。

1944年2月14日：第503营当天的任务是夺取奇什尼兹至德舒尔什内兹（Dshurshenzy）的公路，在战斗中击毁7辆坦克。当晚，苏军从德舒尔什内兹发起的夜袭被击退，又有5辆T-34被击毁。根据贝克团长的命令，第503营取消了对科马洛夫卡（Komarowka）的进攻行动。

1944年2月15日：苏军坦克部队向梅德温发动进攻，并且有16辆坦克从239高地向侧翼运动，威胁德军阵线的右翼，鉴于这次危机，第503营奉命退回2月13日位置，并瓦解了苏军的这次钳形攻势。在随后的战斗中，该营的虎式坦克击退了苏军的步坦协同进攻，击毁15辆坦克，1辆虎式全损，3辆受伤。第503营保有的虎式坦克数量降至61辆。

1944年2月16日：第503营将阵地移交第16装甲师接防后，向239高地发动进攻，以9辆虎式从左翼包抄，击毁了9辆T-34，芬德萨克上士的虎式被击中失去战斗力，后来被放弃，第503营保有的坦克数量降至60辆。随后该营沿着德舒尔什内兹至239高地的公路撤退到一处防御阵地，再度击毁4辆T-34。当晚23时，被围部队奉命开始突围。

1944年2月17日：战斗进入白热化阶段，第503营蒙受了重大损失，突围部队与解围部队取得了联系。贝克重装甲团的8辆虎式和6辆"黑豹"奉命沿着239高地附近的公路向波特斯察平兹（Potschapinzy）西北方向做有限突击，击毁2门反坦克炮和3辆T-34，此后再次于239高地附近建立了掩护阵地。

1944年2月18日：贝克重装甲团继续坚守现有阵地，掩护突围部队的撤退路线，第503营的100号、121号和123号虎式在一处苏军占领的城镇中被地雷炸伤，被迫自毁。在频繁变换阵地位置时，范德海登（van der Heiden）中士的虎式发生严重故障，传动系统损坏，于是将弹药分配给其他坦克。在当晚24时接到撤退命令后，这辆虎式也被迫自焚。第503营保有的坦克数量降至56辆。

1944年2月19日：第503营经弗兰克夫卡撤退，途中又击毁了3辆T-34，之后与第16装甲侦察营一部取得联系，2辆修复的虎式重返前线。

1944年2月20日：苏军从弗兰克夫卡以西发起一次进攻，却被虎式和"黑豹"的交叉火力所粉碎，18辆T-34被摧毁。新任营长罗尔夫·弗罗梅（Rolf Fromme）上尉指挥一辆修复的坦克火线上任，在夜间指挥部队转移至鲁班尼（Rubanny）和莫斯特（Most）。

1944年2月22日：贝克重装甲团重新部署在乌曼（Uman）地区。

1944年2月23日：在切尔卡瑟战役中代理指挥全营的舍夫中尉获颁骑士十字

第3章　陆军第503/"统帅堂"重装甲营

勋章。

1944年2月25日：在完成任务后，贝克重装甲团解散。第503营有8辆受损虎式无法修复，但得到9辆新坦克的补充，保有坦克数量增加至57辆。

1944年2月29日：第503营可用兵力为24辆虎式。

1944年3月1日：第503营有24辆虎式可以作战，接收了第506重装甲营移交的7辆虎式，使保有坦克数量增加到64辆。同日，第503营被配属于第4装甲集团军。

米特迈尔战斗群的作战行动

1944年2月15日：第503营的一支装备接收分队由皮佩格拉斯少尉带队，从波塔施出发，返回国内接收新坦克，他们的目的地是马格德堡附近的柯尼斯伯恩（Konigsborn）。

1944年2月23日：皮佩格拉斯分队的12辆虎式装上火车运往兰贝格，然后沿公路返回部队驻地，不料途中因苏军对塔尔诺波尔（Tarnopol）的进攻而被阻挡在普罗斯库罗夫（Proskuroff）。

1944年3月8日：皮佩格拉斯分队前往塔尔诺波尔，配属于第48军。

1944年3月9日：这批虎式坦克被配属给由米特迈尔（Mittermeier）少校指挥的战斗群，向西南方向的斯密科夫塞（Symykowce）发动进攻，并为从塔尔诺波尔撤退的部队提供掩护，随后该部也向西撤退。

1944年3月15日：121号虎式在行动中失踪，米特迈尔战斗群被配属于第359步兵师，在科斯洛夫（Koslow）、霍洛迪兹赛（Horodyzce）和普洛斯提斯扎（Plostysza）地区沿斯特里帕河（Strypa River）布防。在夜间，战斗群通过德尼索夫（Denisow）附近跨越斯特里帕河的桥梁发动攻击，后来桥梁由于不堪重负而坍塌，进攻也因此中止，直到找到另一条可以向西撤退的有效通道。

1944年3月26日：米特迈尔战斗群的6辆虎式支援步兵部队向特欧菲波尔卡（Teofipolka）附近及其东面的敌军阵地发动反击，6辆虎式中的2辆最初准备配属给"大德意志"师。

1944年3月29日：米特迈尔战斗群在捷兹耶尔纳（Jezierna）附近集结。

1944年3月30日：米特迈尔战斗群先后对索波达（Soboda）、兹洛塔（Zlota）和卡尔尼（Kalne）发动攻击。

1944年3月31日：战斗群继续进攻，但在当天战斗结束时已经没有一辆虎式可以作战。

1944年4月4日：战斗群的虎式坦克在371高地附近与苏军坦克进行交战。

1944年4月8日：战斗群向乌斯（Uwsie）发动攻击，其防区移交党卫军第9"霍亨施陶芬"装甲师。

1944年4月12日至13日：米特迈尔战斗群尚有9辆虎式可以作战。

1944年4月14日：9辆虎式在特欧菲波尔卡集结。

1944年4月16日：米特迈尔战斗群解散。

1944年4月17日：皮佩格拉斯分队的2辆虎式被后送到萨诺克（Sanok）的维修基地进行大修，其他虎式被运往纳德沃尔纳亚（Nadworna）。

1944年4月26日：皮佩格拉斯分队的虎式在辗转多时后终于归建，配属第503营第3连。

1944年5月6日至14日：第503营第3连以北乌克兰第1装甲教导群第1虎式教导连的名义，在科洛梅亚训练匈牙利坦克手操纵虎式坦克，使用的教学坦克均是先前配属于米特迈尔战斗群的坦克，后来这批坦克中有4辆移交第509重装甲营。

* * *

1944年3月2日：第503营被重新部署在普罗斯库罗沃（Proskurow）。

1944年3月5日：第503营可以行动的13辆虎式转移至波德沃洛兹卡（Podwoloczyska）地区，配属于第7装甲师。

1944年3月6日：第503营与第25装甲团一道从沃伊托夫兹（Wojtowzy）出发，肃清主要道路附近的苏军部队。

1944年3月7日：第503营部署到弗里德里科夫卡（Fridrichowka）以东地区，参与波塔施周边地区的防御作战。

1944年3月7日至9日：第503营在弗里德里科夫卡、马斯托瓦（Mastowa）、科帕切夫卡（Kopatschewka）和拉索瓦（Lasowa）等地进行了一系列小规模战斗，包括夜战，2辆虎式（含113号车）在战斗中损毁。第503营保有的坦克数量降至62辆。

1944年3月10日：第503营驻守在科帕切夫卡和拉索瓦附近，有13辆虎式可用。

1944年3月12日：第503营在普罗斯库罗沃、沃洛克切斯科（Woloctschysk）和波德沃洛兹卡周围进行防御战。

1944年3月13日：第503营经马林尼克（Malinnik）向塔尔诺波尔西南40公里处的斯卡拉特（Skalat）发动进攻。

1944年3月14日：进攻继续，133号虎式被摧毁，第503营保有坦克数量降至61辆。

第3章 陆军第503/"统帅堂"重装甲营

1944年3月15日：第503营在斯卡拉特周边作战，在近距离战斗中，121号虎式被击毁，该营保有坦克数量降至60辆。

1944年3月20日至29日：第503营在马林尼克、斯卡拉特、格日尔纳洛夫（Grzyrnalow）和图斯特祖尔科夫斯基（Touste Zurkowsky）一线作战。

1944年3月21日：第503营的2辆虎式与第25装甲团一起守卫马林尼克森林北部，11辆虎式从科兹洛夫（Kozlow）朝塔尔诺波尔推进。6辆新虎式运抵佐洛乔夫（Zloczow），补充给第503营。在当日战斗中101号虎式被炸毁，该营保有坦克数量增至65辆。

1944年3月22日：第503营部分兵力部署在格日尔纳洛夫的掩护阵地上，131、132、213号虎式及第3连的一辆虎式在战斗中损失，2辆虎式奉命支援第291步兵师283掷弹兵团进攻奥列斯金（Oleschin）。第503营保有的虎式坦克数量降至61辆。

1944年3月27日：第503营的1辆虎式配属于第287掷弹兵团第1营，尽管这辆坦克发生了故障，但步兵指挥官拒绝车组撤往后方修理的要求，坚持让坦克留在前沿阵地上，正是依靠虎式坦克的支援，该团在诺沃耶瑟罗（Nowoje Selo）附近击退了多次苏军进攻。

1944年3月29日：那辆虎式被用于警卫第287团指挥所，后来在战斗中失踪。第503营保有坦克数量降至60辆。

1944年3月30日：第503营有13辆虎式可以作战。在当天该营蒙受了自创建以来最为沉重的损失，由于战况突变，该营设在战线后方的维修厂遭到苏军攻击，正在修理的21辆虎式全部被毁，此外在波塔施的防御行动中又有1辆虎式被击毁，在波莫尼克（Pomonyik）的一次夜间防御后，第503营渡过勒夫卡河（Revukha River）撤退，其间又损失了2辆虎式，一天下来居然失去了24辆坦克，占全营保有坦克数量的40%！现在第503营尚有36辆虎式。

1944年4月4日：314号坦克因缺少零部件而报废，第503营保有坦克数量降至35辆。

1944年4月5日：100号虎式发生机械故障，在格罗迪切（Goroditsche）附近被炸毁，失去坦克的车组成员作为警卫部队与第58装甲工兵营一起封闭第1装甲师和第7装甲师之间位于比亚罗伯兹尼卡（Bialoboznica）附近的防线缺口。第503营保有坦克数量降至34辆。

1944年4月7日至8日：第503营在马格洛夫卡（Magerowka）附近的反击行动中又损失了5辆虎式，保有坦克数量降至29辆。

1944年4月10日：第503营可用兵力为7辆虎式。

1944年4月20日：第503营可用兵力为7辆虎式。

1944年4月22日：第503营最后一部分兵力撤到兰贝格，在4月中旬的战斗中，该营因各种原因损失了22辆虎式，相当一部分丢在了胡贝包围圈里，还有一部分受损严重，无法修复，全营保有的坦克数量仅剩7辆。

1944年4月30日：第503营的7辆虎式做好战斗准备。

1944年5月：第503营残部奉命撤离前线，转运至奥尔德鲁夫进行重建，并将剩余的坦克移交第509营。

第503重装甲营的重建及西线作战

1944年6月11日至17日：重新编成的第503营获得了45辆新坦克，达到满编状态，其中包括12辆安装波尔舍炮塔的虎王坦克，均被配置于第1连。

1944年6月26日：随着盟军在法国诺曼底登陆，刚刚重建的第503营被匆忙调往西线救急，该营乘火车从奥尔德鲁夫出发，经由美因茨（Mainz）、洪堡（Homburg）、萨尔堡（Saarburg）、吕内维尔（Luneville），抵达南锡（Nancy）。

1944年6月28日：第503营继续由铁路运输前往诺曼底前线，途经帕涅舒尔马斯（Pagny sur Maas）、博洛涅（Bologne）、肖蒙（Chaumont）、默伦（Melun）。

1944年6月29日：两部军列在德勒（Dreux）卸车。

1944年6月30日：第503营先头部队抵达巴黎（Paris）和凡尔赛（Versailles）。

1944年7月2日：另外两部军列抵达德勒并卸货。

1944年7月3日：先期部队抵达莱格勒（L'Aigle），后续的军列继续在德勒卸货。

1944年7月4日：第503营继续推进至阿让唐（Argentan），德勒的卸货工作继续进行。

1944年7月5日：最后一批人员装备运抵德勒。

1944年7月6日：第503营向卡农（Canon）前进途中，由赛德尔（Seidel）上士指挥的323号虎式在梅齐东（Mezidon）压垮了一座桥，坦克损毁，无法修复，第503营保有的坦克数量降至44辆。

1944年7月7日：第503营抵达卡昂（Caen）以东12公里处鲁比埃赫（Rupierre）附近的集结地，配属于第16空军野战师。

1944年7月8日：第503营在蒙内维尔（Maneville）附近的森林中休整，配属于第

第 3 章　陆军第 503/"统帅堂"重装甲营

21装甲师第22装甲团。尽管遭到营指挥官的反对，该营还是被部署在靠近前线的位置。

1944年7月11日：由于营长弗罗梅上尉突然病倒，由第3连连长舍夫中尉代理营长职务，而第3连连长由冯·罗森（von Rosen）少尉代理。第3连在当天从库贝维耶（Couberville）向科隆贝莱（Colombelles）进行反击，摧毁了12辆"谢尔曼"并缴获2辆坦克，其中一辆被该营改装为坦克回收车。当日，第503营有23辆坦克可以作战。

1944年7月13日：第503营可用兵力为32辆坦克。

1944年7月16日：第503营可用兵力为40辆坦克。

1944年7月17日：第503营有39辆坦克做好战斗准备。

1944年7月18日：英军发动"古德伍德"（Operation Goodwood）行动，出动2100架轰炸机对德军阵地进行地毯式轰炸。第503营第3连也被殃及，韦斯特豪森（Westerhausen）下士的坦克被炸毁，萨克斯（Sachs）中士的313号坦克被爆炸的气浪直接掀翻！该连能够作战的8辆坦克中有6辆设法在英军坦克发起进攻前进入防御位置，在随后的交战中，这些虎式坦克大发神威，几乎弹无虚发，打垮了英军对其防线的坦克冲锋，但米勒（Müller）上士和舍恩罗克（Schönrock）上士的虎式中弹失去战斗力，很可能是来自相邻卡涅（Cagny）阵地上友军88毫米高射炮的误击。尽管如此，英军的攻势仍被挫败了。

经过上午的激战，第3连能够作战的坦克仅剩1辆。中午时分，第503营第1连和第22装甲团第1营的数辆坦克恢复了行动能力，它们沿着特罗阿恩（Troarn）至卡昂的公路朝迪莫维尔（Demouville）进行了反击，但很快被迫撤离城镇，101号、111号车被击毁，连长乘坐的100号车不慎陷入弹坑，无法脱困，只能就地遗弃。第503营第2连几乎没有受到盟军轰炸的影响，向特罗阿恩西北发动反击，阻止了英军先头部队的推进。

在下午晚些时候，第503营第1、2连在曼奈维尔（Maneville）附近集中，重新部署到弗雷诺维尔（Frenouville）地区，这次调动成功阻止了英军部队沿卡涅至韦蒙特（Vimont）的公路向东南方发动的进攻，但122号虎王在战斗中遭到一辆"谢尔曼"的撞击而损坏，后来被摧毁。在当日的战斗中，第503营因各种原因损失了12辆坦克，保有坦克数量降至32辆，但是成功挫败了盟军的进攻企图，击毁了40辆敌军坦克。

1944年7月19日：第503营经阿尔让塞（Argences）和圣拜尔（St. Pair）转移至特罗阿恩，并击退了敌军的攻击。

虎式坦克 全景战史

1944年7月20日：第503营部署在特罗阿恩的掩护阵地上，击毁了5辆坦克，第3连将剩余的4辆虎式移交第2连，然后撤离前线，前往迈利莱康，准备接收虎王坦克。

1944年7月23日至25日：第503营第1、2连经杜里（Thury）、哈科特（Harcourt）转移至奥恩河谷（Orne River Valley）。

1944年7月25日：第503营可用兵力为20辆坦克。

1944年7月27日：第503营可用兵力为20辆坦克。

1944年7月28日：第503营有14辆坦克可以作战，配属于冯·奥佩尔战斗群（Kampfgruppe von Oppeln）。

1944年7月29日：第503营可用兵力为15辆坦克。

1944年7月30日：第22装甲团余部与第503营联手发起反击，但未能取得成功。

1944年8月1日：第503营可用兵力为13辆坦克，配属于第21装甲师，该营3辆虎式送往后方接受为期至少两周的大修，保有坦克数量降至29辆。

1944年8月初：第503营在潘松山（Mont Pincon）和勒普莱西格里穆尔（Plessis-Grimoult）地区与盟军交战。

1944年8月6日：第503营有11辆坦克可以作战。

1944年8月10日：第503营部署在圣皮埃尔（St.Pierre）的掩护阵地上。

1944年8月11日：第503营的2辆虎式最后一次在圣皮埃尔阵地上迎击盟军30辆坦克的进攻，击毁3辆坦克，2辆虎式均中弹失去行动能力。

1944年8月12日：311号虎式在塞扎讷（Sezenne）和博韦（Beauvais）之间被炸毁，所有部队开始向塞纳河（Seine River）撤退，但是仅有轮式车辆可以在埃尔伯夫（Elbeuf）附近渡河。

1944年8月13日：112、133、124号坦克被部署在特兰（Trun）。

1944年8月16日：第503营第1连的部分兵力部署在蒂谢维尔（Ticheville）。

1944年8月18日：包括133号车在内的4辆坦克被迫自毁。

1944年8月20日：112、124号坦克也自行炸毁。第503营第2连剩余的虎式坦克被抛弃在由维穆蒂耶尔（Vimoiutiers）至埃洛尔德农场（Elloard farm）的179号公路上，以及通往卡纳普维尔（Canapville）的公路上，一道被抛弃的还有第1连的1辆虎王。一列运载待修坦克的火车也被抛弃在塞纳河北岸。当诺曼底战役落幕时，第503营已经没有一辆坦克，全部损失。

1944年8月28日：失去所有坦克的第503营第1连从蓬图瓦兹（Pontoise）返回德国。

第 3 章　陆军第 503/"统帅堂"重装甲营

重编的第 503 重装甲营第 3 连

1944年7月27日至29日：第503营第3连抵达迈利莱康。

1944年7月31日：14辆虎王坦克交付第3连，其中2辆安装的是量产型炮塔。

1944年8月11日：第3连的首批5辆虎王装上火车，准备开赴前线。在换装时，第3连还接到一项特殊任务，配合宣传部门拍摄一部展现虎王及重装甲营风采的宣传片，但是在拍摄期间有2辆虎王传动装置发生故障，被暂时留在后方修理。

1944年8月12日：运载第3连的军列行驶到塞扎讷和埃斯泰尔奈（Esternay）之间时遭到空袭，排长冯·罗森少尉的311号车从平板车上翻落到路旁，尽管这辆坦克是可以重新修复的，但它在次日被美军缴获。第3连保有的虎王剩余13辆。

第3连在巴黎卸车后，首先转移到文森森林公园。两天后，出于一种鼓舞德军士气、震慑占领区民众的目的，舍夫中尉奉命率领全连直接穿过巴黎市区开赴前线，沿途经过协和广场、香榭丽舍大街等巴黎著名景点，这可能是虎王坦克乃至德军重装甲营最为风光的一次武装巡游了！在完成这次虚张声势的行军后，第3连越过塞纳河向蓬图瓦兹推进，334号车在几天后发生严重故障，被迫自毁。在抵达前线后，第3连被部署到空军野战师的防区内，但是可叹的是，这些虎王尚未得到机会一展虎威，就在盟军战斗轰炸机的狂轰滥炸下丧失了战斗力，先后有9辆虎王在空袭中受损，随后被车组成员遗弃。到8月下旬，第3连从迈利莱康开拔时的12辆虎王只剩下1辆还能行动，最后这辆虎王由兰博（Rambow）少尉指挥向东撤退，于8月24日在亚眠（Amiens）被炸毁。

1944年8月24日：由于冯·罗森少尉的决断，留在迈利莱康的那两辆虎王没有被派往前线，而是运回德国，避免了徒劳的浪费。第503营第3连在首次换装虎王后几乎没有取得什么战绩就全军尽墨了。

第 503 重装甲营的第二次重建

1944年9月初：从诺曼底战场上劫后余生的第503营官兵经塞克兰（Seclin）、图尔奈（Tournay）、鲁泽（Leuze）、滑铁卢（Waterloo）、鲁汶（Lowen）、蒂嫩（Tirlemont）、马斯特里赫特，最后抵达梅尔森（Maastricht-Mersen），随后接到前往帕德博恩重整的命令。

1944年9月5日：第503营幸存官兵乘卡车由梅尔森前往迪伦（Düren）。

1944年9月6日：第503营在迪伦换乘火车前往帕德博恩。

1944年9月11日：第503营在帕德博恩重新组建，并开始训练。

1944年9月19日至22日：第503营接收了45辆新的虎王，加上从迈利莱康运回的第3连的2辆虎王，全营保有的坦克数量达到47辆。

1944年10月12日：齐装满员的第503营奉命重返东线，开赴匈牙利。该营乘火车经哈尔贝尔斯塔特（Halberstadt）、哈雷（Halle）、埃格尔（Eger）、比尔森（Pilsen）、布拉格（Prague）、布伦（Brünn）和普雷斯堡（Pressburg），急速赶往匈牙利。

1944年10月13日至14日：第503营抵达布达佩斯（Budapest），以履带行军的方式分别进驻切内梅迪（Czonemedi）和塔克索尼（Taksony），前者由第1连占领，后者由第3连驻扎。

1944年10月15日：第503营向布达凯希（Budakeszi）转移，控制多瑙河大桥，并协助其他德军部队解除匈牙利军队的武装。

1944年10月16日：第503营占领布达城堡（Budapest Castle）。

1944年10月18日：第503营配属于第24装甲师，转移到索尔诺克（Szolnok）的集结地，准备对蒂萨河桥头堡（Tisza Bridgehead）展开攻击。当时仅有第1连的全部坦克运抵匈牙利，部署在奥博尼（Abony），第3连的10辆坦克部署在采格莱德（Cegled）。

1944年10月19日：第503营的11辆虎王经迈泽图尔（Mezotur）向图尔凯韦（Turkeve）以北的高地发起攻击。

1944年10月20日：第503营第2连及第3连的一个排运抵匈牙利前线，但它们被配属于党卫军第4"警察"装甲掷弹兵师。第503营第3连（欠一个排）继续向东北方的图尔凯韦进攻，粉碎了数个苏军反坦克阵地，摧毁了36门反坦克炮，但大部分坦克都中弹受损，仅有3辆坦克保持战斗力。经过短暂维修，第3连又投入6辆坦克继续向小新萨拉什（Kis Ujszallas）推进，但发现苏军以优势兵力在此固守。第503营第2连与"警察"师一道在萨帕尔法鲁（Szaparfalu）摧毁了一处反坦克阵地，并推进到肯德尔什（Kenderes）。

1944年10月21日：第503营主力（欠第2连）退回图尔凯韦，随即向被苏军占领的迈泽图尔反攻。第503营第2连则在索尔诺克掩护横跨蒂萨河（the Theiss）的大桥。

1944年10月22日：第503营主力继续向特勒克圣米克洛什（Torokszentmiklos）撤退，以便与第2连会合，在距离目的地15公里时，第1、3连对来自左翼的威胁进行

第 3 章　陆军第 503/"统帅堂"重装甲营

了反击。第503营在特勒克圣米克洛什重新集结。在1944年10月19日至22日之间，第503营已经击毁了120门反坦克炮，到10月22日，该营的击杀坦克数量已经达到了创纪录的1500辆！

1944年10月23日至26日：第503营第3连派出一支战斗群由兰博少尉指挥守卫蒂萨河桥头堡，由冯·罗森少尉指挥的另一支战斗群对从考尔曹格（Karcag）和布乔（Bucsa）接近的苏军部队实施反击。

1944年10月28日：第503营第3连转移至索尔诺克以南靠近托塞格（Toszeg）的蒂萨河西岸阵地，该连321号车被迫击炮弹击中车体后部顶盖而受损。第503营主力则在采格莱德集结。

1944年10月31日：第503营重新部署在大克勒什（Nagykoros）。

1944年11月1日：第503营与第126装甲掷弹兵团一起从大克勒什西南地区向东进攻，而穿过凯奇凯梅特（Kecskemet）地区的主要道路两侧全是遍地泥泞，不利于装甲部队机动，在当天的行动中，该营第2连布罗德哈根（Brodhagen）少尉的坦克被烧毁，第503营保有坦克数量降至46辆。为了解救被围的第24装甲师，第503营被配属给第23装甲师第23装甲团，并向前沿集结，准备与从厄尔凯尼（Orkeny）方向接近的第1装甲师实施一次协同攻击。当日，第503营的可用兵力为18辆坦克。

1944年11月2日：德军向厄尔凯尼发动攻击，在夜间奉第4装甲军的命令，第503营向萨哈洛姆（Sahalom）撤退，313号车陷入泥沼难以自拔，只能由另一辆虎王将其击毁，此时该营的坦克都需要维修。在兰博少尉的指挥下，有13辆受损的虎王被成功回收，但322号车被一门反坦克炮击中后起火烧毁。第503营保有的坦克数量降至44辆。

1944年11月3日：12辆修复的坦克以纵队形式经拜尔采尔（Bercel）、奥尔拜蒂尔绍（Albertirsa）和皮利什（Pilis）转移至乌罗（Ullo），在300号车被苏军反坦克炮击毁后，该纵队退回皮利什，转而经卡瓦（Kava）、格姆巴（Gomba）和乌里（Uri）到达塔比欧西里（Tapiosiily）。第503营保有的坦克数量降至43辆。

1944年11月5日：第503营在布达佩斯东北20公里处的格德勒（Godollo）集结，2辆损坏严重的坦克乘火车运往维也纳修理，该营保有坦克数量降至41辆。

1944年11月8日：第503营由厄姆勒中尉指挥的8辆虎王部署在豪特万（Hatvan）附近，配属第13装甲师。

1944年11月11日：厄姆勒战斗群从塔皮欧比奇凯（Tapiobicske）向塔皮欧森特马顿（Tapioszentmarton）转移，并接到命令向福尔莫什（Farmos）推进，但沿途地形十分不利。

虎式坦克 全景战史

1944年11月12日：厄姆勒战斗群作为军预备队部署在大卡陶（Nagykata），当天下午又经亚斯贝雷尼（Jaszbereny）重新部署至雅克哈尔玛（Jakohalma），并受领新任务，配属第13装甲师肃清大卡陶至亚斯贝雷尼的公路沿线，与第23装甲师建立联系，在战斗中击毁3辆坦克和1辆自行火炮，由于与步兵脱节而奉命撤退。在黄昏后，第503营接到一项十分荒谬的命令，在没有足够的步兵保护的情况下，组成两个各有3辆坦克的掩护群，部署在林间小道上。

1944年11月13日：第503营的一个坦克群配属于第13装甲师的格伦装甲营防御来自亚斯贝雷尼的进攻，并在公路南侧占领了一处掩护阵地。在夜间撤退时，有4辆坦克因悬挂系统故障而抛锚，更为糟糕的是，第503营与第13装甲师师部的关系并不融洽，后者甚至拒绝派出卡车为坦克运送燃料！同日，厄姆勒战斗群归建。

1944年11月15日：冯·罗森少尉奉命指挥一个战斗群（12辆虎王和1辆虎式型指挥坦克）配属于第1装甲师第1装甲团，直至11月18日一直执行掩护任务，在18日当天掩护第1装甲师向珍珠镇（Gyongyos）附近的战线撤退，冯·罗森战斗群也一并撤往真哲什保陶（Gyongyospata），并充当师预备队。

1944年11月19日：从珍珠镇撤出的步兵师命令第503营发动一次愚蠢的夜袭，在接近城镇途中，有数辆坦克陷入泥沼，最后仅有5辆坦克抵达镇外的攻击位置，在缺乏有效步兵支援的情况下于午夜时分攻入镇中心，但在次日就被迫撤出。

1944年11月20日：1辆修复的坦克重新归队，但是很快在战斗中被打断履带，在德军撤退时未及拖回，只能由其他德军坦克将其击毁。第503营在当日配属于第1装甲师，撤回真哲什保陶。第503营保有的坦克数量降至40辆。

1944年11月21日：第503营在真哲什保陶进行防御战，击退苏军多次攻击，击毁坦克9辆，全营当天有10辆虎王可以作战。

1944年11月22日：第503营的2辆虎王继续据守在掩护阵地上，再度击毁8辆坦克。

1944年11月23日：第503营的4辆虎王在掩护阵地上进行防御，击毁8辆坦克。

1944年11月26日：第503营奉命直接支援第1装甲掷弹兵团，在夜间发动了一次时机不当的反击，在撤退时2辆四号自行高炮陷入泥潭，在次日回收失败后自行炸毁。

1944年11月27日：第503营转移至霍瓦基（Jobbagyi），并配属于党卫军部队。

1944年11月30日：第503营在瓦茨（Waitzen）登上火车转运到霍捷茨（Högyesz）南部地区，配属于第23装甲师，部分兵力被临时配属于第1装甲师，但有15辆需要修理的坦克留在库尔特（Kürt）的维修厂内。

1944年12月1日：第503营可用兵力为11辆坦克，配属于第57装甲军。

第 3 章　陆军第 503/"统帅堂"重装甲营

1944年12月3日：第503营奉命转移到巴拉顿凯奈谢（Balatonkenese），进入希蒙托尔尼奥（Simontornya）附近的掩护阵地。

1944年12月4日：第503营的几辆坦克支援第128装甲掷弹兵团在希蒙托尔尼奥附近进行反击，在黄昏之后撤退至莱普谢尼（Lepseny），并在此配属于第1装甲团。

1944年12月5日：第503营的5辆坦克被部署在希欧福克（Siofok）以西5公里处。

1944年12月6日：由冯·罗森少尉指挥3辆坦克发动反击，科佩（Koppe）少尉指挥的另一个战斗群进攻希欧福克，第2连由基茨曼（Kitzmann）中士指挥的坦克被击毁，两支战斗群中共有5辆坦克被困在泥沼中。第503营保有的坦克数量降至39辆。

1944年12月7日：在前日战斗中滞留在战场上的5辆坦克中仅有1辆未能回收，在德军撤退前被自行炸毁。库尔特维修厂接到警报，苏军坦克正在逼近，尚在修理的坦克急忙进入防御位置，并击毁了数辆苏军坦克，但是仍未免被包围的命运，8辆坦克被迫炸毁。当日，第503营共损失10辆坦克，保有坦克数量降至29辆。

1944年12月8日：第503营经波尔加迪（Polgardi）进行反击，124号车被一门隐藏在侧翼的反坦克炮击毁，该营保有坦克数量降至28辆。

1944年12月9日：营长弗罗梅上尉获得晋升，并调离现职，由维甘德（Wiegand）上尉代理指挥。

1944年12月10日至16日：第503营在塞克什白堡（Szekesfehervar）地区执行任务。

1944年12月15日：第503营可用兵力为17辆坦克。

1944年12月17日：由厄姆勒中尉指挥的6辆坦克部署在前沿的防御阵地。同日，新任营长诺德维因·冯·迪斯特-克贝尔（Nordewin von Diest-Koerber）上尉抵达。

1944年12月18日：第503营再次配属第1装甲师，并奉命向巴拉顿凯奈谢转移。

1944年12月19日：第503营抵达新防区，有13辆坦克可以作战。

1944年12月20日：苏军突破了巴拉顿湖（Lake Balaton）和韦伦采湖（Lake Velence）之间的德军防线。

1944年12月21日：当日午夜，第503营奉命转移至纳道什德洛达尼（Nadasladany）。

1944年12月22日：第503营在沙尔凯西（Sarkeszi）集结，与第1装甲团的4辆四号坦克一道向乌尔希道（Urhida）进攻。

1944年12月23日：第503营在黎明时分夺取了乌尔希道，133号车被一门隐蔽的反坦克炮击毁，该营保有坦克数量降至27辆。傍晚时分，第503营奉命经伊诺塔（Inota）转移至费海尔瓦尔丘尔戈（Fehervarcsurgo）。

1944年12月24日：第503营抵达费海尔瓦尔丘尔戈，配属于第3装甲师，并出动8辆坦克协同第4骑兵旅向沙尔凯赖斯泰什（Sarkeresztes）进行反击，击毁7辆苏军坦克，但兰博少尉的坦克不幸陷入泥沼，被迫自毁。第503营保有的坦克数量降至26辆。

1944年12月25日：第503营和第3装甲师一部配属于第23装甲师，在沙尔凯赖斯泰什以北地区与苏军发生了小规模战斗，击毁2辆坦克。

1944年12月27日：第503营的5辆坦克投入战斗，击毁2辆T-34。

1944年12月28日：第503营在当日战斗中击毁2辆T-34和3门反坦克炮，随后配属于第4骑兵旅，向北转移。

1944年12月29日：第503营的3辆坦克作为预备队部署在莫尔（Mor）以西边缘地带。

1944年12月30日：第503营的4辆坦克与第2骑兵团一道进攻普斯陶瓦姆（Pusztavam）。

1944年12月31日：第503营多数车辆受损，这些车辆撤往战线后方修理，并作为预备兵力。

1945年1月1日：在莫尔以北5公里处，冯·罗森中尉率4辆坦克成功攻取了128高地，随后又有5辆坦克加入战斗，在费尔索多波斯（Felsodobos）附近进行防御作战。当日，第503营有10辆坦克可以作战。

1945年1月2日：第503营的3辆坦克与第4骑兵旅一道发起反击。

1945年1月3日：第503营的2辆坦克与第4骑兵旅一部对普斯陶瓦姆发动夜袭，在夺取了城镇后撤回莫尔。

1945年1月4日：第503营的13辆坦克在鲍科尼洪鲍泰伊（Bakonyszombathely）作战，同日该营更名为"统帅堂"重装甲营（出于行文连贯，下文仍使用第503营的番号称呼——编者注）。

1945年1月6日：第503营重新部署至鲍科尼切尔涅（Bakonycsernye）。

1945年1月7日：第503营与第4骑兵旅在扎莫伊（Zamoly）发动佯攻，以支援第6集团军对布达佩斯的解围行动。佯攻部队分为南北两个战斗群，其中南部战斗群得到6辆虎王的加强，它们经费海尔瓦尔丘尔戈（Fehervarcsurgo）、毛焦劳尔马什（Magyaralmas）、阿尔索布斯塔（Alsopuszta）和波尔巴拉马焦尔（Borbalamajor）向前推进，但很快停止了攻击，撤往拉加莫尔（Lajamor）和波尔巴尔马焦尔，南部战

第3章 陆军第503/"统帅堂"重装甲营

斗群奉命与北部战斗群会合。

1944年1月8日：南北战斗群在拉加莫尔会合，然后迅速推进至波尔巴尔马焦尔，但随即又撤回拉加莫尔。

1945年1月9日：由皮佩格拉斯少尉指挥的第503营第1连配合第4骑兵旅发动进攻，击毁7辆坦克。该营余部配属于第23装甲师，从阿尔索布斯塔向南进攻，在扎莫伊附近重新建立防线，1辆虎王被苏军SU-152击毁，稍后德军部队撤回阿尔索布斯塔。第503营保有的坦克数量降至25辆。

1945年1月11日：第503营重新集结13辆虎王再次向扎莫伊发动进攻，最终夺取该城，但到黄昏时分仅剩3辆坦克可以战斗，121号、122号车被击毁，该营保有的坦克数量降至23辆。在当日战斗中，第503营击毁21辆坦克和自行火炮以及28门反坦克炮，随后撤回阿尔索布斯塔。

1945年1月12日至16日：第503营重新部署在毛焦劳尔马什，并对坦克进行维修。

1945年1月15日：第503营可用兵力为5辆坦克。

1945年1月17日：第503营的8辆坦克加入第23装甲师的一个装甲战斗群。

1945年1月18日：第503营的8辆坦克从马尔基特马焦尔（Margitmajor）向南发动攻击，但被雷区所阻，击毁7辆坦克和10门反坦克炮，2辆虎王留在掩护阵地中。

1945年1月19日至21日：第503营继续在毛焦劳尔马什整修，修理在战斗中受损的坦克。

1945年1月22日：第503营作为第23装甲师战斗群的一部分，出动9辆坦克切断向塞克什白堡以东撤退的苏军部队，夺取了基乌拉米尔（Gyula Mjr），继而向萨拉（Csala）推进，在战斗中击毁了2辆T-34/85和7辆自行火炮，但被一处反坦克阵地所阻，尽管摧毁了15门反坦克炮，仍无力完成突破。在当日战斗结束时，尚有5辆坦克可以作战，但弹药短缺。

1945年1月23日：第503营继续进攻，再度击毁4辆坦克，但是2辆虎王触雷受损，在遭到苏军数次空袭后，德军停止进攻，撤回塞克什白堡。

1945年1月24日：第503营配属于第4骑兵旅，重新部署在毛焦劳尔马什。

1945年1月25日：由拜尔（Beyer）少尉率领的数辆坦克从扎莫伊发动进攻，2辆坦克中弹受损，鲁贝尔少尉的坦克两侧履带均被打断，只能由另一辆虎式拖回己方战线。

1945年1月26日：第503营重新部署到波尔巴拉马焦尔，并出动3辆坦克由此进攻，并且得到匈牙利军队四号坦克的支援，但所有的虎王在被多次命中后损坏，被迫撤回拉加–米尔（Laja–Mjr），然后返回毛焦劳尔马什。

1945年1月28日：第503营可用兵力为5辆坦克。

1945年1月30日：第503营所有可以行动的坦克转移至沙尔凯赖斯泰什。

1945年1月31日：第502营的9辆坦克和一个骑兵营在松塔格（Sonntag）上尉的指挥下向久拉马焦尔（Gyulamajor）发动攻击，由于步兵与坦克联系中断，被迫在夜间撤退。

1945年2月1日：德军向久拉马焦尔发动另一次进攻，皮佩格拉斯少尉指挥3辆坦克守卫该城西北的214高地。当德军发现大约50辆苏军坦克在该城以南集结时，营长冯·迪斯特–克贝尔上尉亲率4辆坦克建立了一处阻击阵地。在随后的战斗中，三辆坦克接连受损，最后只剩营长座车独自面对20~30辆苏军坦克，在击毁数辆坦克后，营长座车的悬挂装置也被击伤，失去行动能力，危急时刻皮佩格拉斯少尉率队赶来增援，又击毁了3辆坦克，掩护营长从前沿缓慢后撤。在下午晚些时候，苏军继续攻击，被德军击毁了17辆坦克和自行火炮。在当天战斗中，1辆虎王陷入泥沼后自毁，2辆虎王在掩护阵地上保持警戒。第503营保有的坦克数量降至22辆。

1945年2月3日：第503营出动5辆坦克，在菲尔布林格（Fürbringer）少尉指挥下，协同党卫军第5"维京"装甲师的部队向久阿拉马焦尔（Gyualamajor）进攻，缴获5门反坦克炮，坦克奉命在原地据守。

1945年2月4日：菲尔布林格战斗群在久阿拉马焦尔击毁8辆坦克，又在临近的高地摧毁了5门反坦克炮，在深夜返回沙尔凯赖斯泰什。

1945年2月11日：第503营转移至莫尔，配属于第43"统帅堂"装甲军。

1945年2月13日：第503营第一批部队抵达波尔贝德（Perbete），在丘兹（Csuz）集结，准备在2月17日与第44"条顿骑士团"帝国掷弹兵师一起向格朗桥头堡（Gran Bridgehead）发动反击。

1945年2月15日：第503营可用兵力为14辆坦克。

1945年2月16日：第503营向库尔特（Kurt）集结，将坦克转移至一处山坡。

1945年2月17日：在黎明时分，第503营出动22辆坦克对敌军发动奇袭，1辆虎式被击毁，营长受伤，由维甘德上尉代理指挥。第503营保有坦克数量降至21辆。

1945年2月18日：第503营继续沿铁路线向基斯–乌耶法鲁（Kis-Ujfalu）进攻，车组成员甚至亲手清除了一片雷区，以保持进攻路线的通畅。在入夜后，该营奉命继续进攻，在午夜时分在慕斯拉（Mussla）附近与党卫军第1"警卫旗队"装甲师的先

第3章　陆军第503/"统帅堂"重装甲营

头部队取得联系，并进行了紧急补给。

1945年2月19日：进攻部队夺取了科博尔库特（Kobolkut），第503营几辆坦克与第44帝国掷弹兵师第44侦察营一道向巴托尔凯兹（Batorkesz）挺进，但对柯门德（Kemend）发动的夜袭被雷区所阻。

1945年2月20日：第503营的2辆虎式留在掩护阵地上。

1945年2月21日：第503营的6辆坦克在第44帝国掷弹兵师工兵营的支援下，穿过两个雷区发动夜袭，摧毁了一处强大的反坦克阵地。

1945年2月22日：第503营的4辆受损坦克奉命迟滞苏军部队。

1945年2月25日：在德军的连续进攻下，格朗桥头堡被清除。

1945年3月1日：第503营可用兵力为11辆坦克。

1945年3月7日：第503营被重新部署在纽特拉（Neutra）以东的维勒贝尔利（Verebely），配属于第2"统帅堂"装甲师第4装甲团，有伤在身的冯·迪斯特-克贝尔上尉不顾医生的劝阻重返前线，接掌指挥权。由于装备不足，第503营根据上级指示进行改编，将编制坦克数量减少为31辆，编成两个装甲连。

1945年3月10日：第503营的15辆坦克被指定为军预备队，部署在维勒贝尔利。

1945年3月11日：第503营得到5辆新的虎王坦克，保有坦克数量增至26辆。

1945年3月15日：第503营有19辆坦克可以行动。苏军在托霍尔（Tohol）附近渡过格朗河（the Gran）发动进攻，但未能攻取纳吉卡尔纳（Nagykalna）。

1945年3月26日：第503营在托霍尔附近与苏军爆发多次战斗。

1945年3月27日：在当天夜间，第503营从托霍尔前线撤回，部署至维勒贝尔利，随后在此陷入激战，数辆坦克冲进卡利什（Kalasz），以掩护友军部队的撤退路线。同时，托霍尔守军也撤到卡利什。

1945年3月28日：第503营在纽特拉进行阻滞战斗。

1945年3月29日：第503营很晚才撤出纽特拉桥头堡阵地，很多受损坦克艰难地撤往后方。

1945年3月30日：第503营继续进行阻滞作战，此时部队的补给状况持续恶化，以致车组成员需要自行寻找给养。

1945年3月31日：第503营在巴伯城堡（Bab Castle）附近进行防御战。

1945年4月1日：在蒂尔瑙（Tyrnau）南部爆发激战，德军向喀尔巴阡山区撤退。

1945年4月2日：第503营在一支临时收编的装甲步兵连的支援下夺取了那达斯-波勒（Nadas-Bole）周边的阵地。

1945年4月3日：在那达斯进行激烈的战斗。

1945年4月4日：第503营在那达斯周围继续防御，随后撤至阿普费尔多尔夫（Apfeldorf）。一辆陷入泥沼的坦克被炸毁，之后继续西撤，仅剩6辆坦克尚能作战。

1945年4月5日：当天中午，接到无线电命令，第503营经塞尼察（Senitza）转移至施洛斯堡（Schlossberg），在那里依靠4辆虎王的奋战击退了苏军对马尔瓦尔（Marvaör）的攻击，全营可以作战的坦克数量是13辆。

1945年4月6日：在当天夜间，第503营撤至诺维德沃尔（Novy Dvor）附近的农场。

1945年4月7日：第503营以2辆虎王、2辆自行防空炮和数辆装甲运兵车的兵力抵挡优势敌军的攻击，掩护两支友军部队的撤退。在当天深夜，第503营撤至胡里茨（Hulicz），以建立一个跨越摩拉瓦河（March River）的桥头堡。

1945年4月8日：第503营在胡里茨发动有限反击。

1945年4月9日：第503营在胡里茨桥头堡进行防御战，在入夜后重新部署至朗登堡（Lundenburg）附近的摩拉瓦河西岸阵地上，接着又撤至兰茨托尔夫（Lanstorf）。

1945年4月10日：第503营在兰茨托尔夫重新集结，全营有13辆坦克可以作战。

1945年4月11日：第503营可以行动的坦克奉命部署至兰佐特（Lanzot）的阻击阵地，击退了苏军的进攻，击毁10辆坦克，但1辆虎王全毁。

1945年4月12日：除了2辆虎王继续留在朗登堡阵地外，第503营其余兵力重新部署至齐斯特斯多夫（Zistersdorf）附近的油田，在行军途中几乎所有坦克都出现了故障。

1945年4月13日：在朗登堡附近的2辆虎王多次击退苏军的袭击，击毁16辆坦克。第503营重新部署至温迪施–鲍姆加尔登（Windisch-Baumgarten）和默斯特雷克（Maustreck）一带。

1945年4月14日：第503营撤至维尔费斯多夫–霍贝尔斯多夫（Wilfersdorf-Hobersdorf）。

1945年4月15日：为了建立一处防御阵地，第503营重新部署到距离维尔费斯多夫10公里处第357步兵师的防区内，却没能与该师取得联系，此时全营没有一辆坦克可用，只好用2辆四号自行高炮在拉本斯堡（Rabensburg）占据阵地，到晚间才有4辆坦克恢复作战能力，仍有9辆需要维修。

1945年4月16日：第503营有6辆坦克可以使用，在夜间奉命从贝尔根（Bergen）经米库洛夫（Nikolsburg）和波伊斯多夫（Poysdorf）前进至阿尔特夫雷恩（Althöflein），

第3章　陆军第503/"统帅堂"重装甲营

但是又连夜返回维尔费斯多夫。

1945年4月17日：第503营在维尔费斯多夫和霍贝尔斯多夫附近的防御战斗终日不息。

1945年4月18日：当天清晨，第503营被部署到厄尔德堡（Erdberg），但是一支拥有约40辆坦克的苏军部队已经通过这里向西推进，该营的数辆坦克支援第25装甲师肃清米斯特尔巴赫（Mistelbach）附近的苏军。

1945年4月19日：第503营经厄尔德堡向北发动反击，在克莱因哈德尔斯多夫（Klein Hadersdorf）附近阻击苏军部队，击毁13辆坦克。

1945年4月20日：第503营进一步撤至弗林-阿尔特鲁贝斯多夫（Follin-Altruppersdorf），在那里击毁2辆坦克，随即配属于第2"统帅堂"装甲师，在波伊斯多夫（Poysdorf）附近发起反击。

1945年4月21日：一支大约有25辆坦克的苏军部队渗透到德军战线后方，第503营派出3辆坦克跟踪追击，随即又派出8辆坦克和数辆"黄蜂"自行火炮进行增援，最终在迈尔霍夫（Meierhof）附近的农场抓住敌军，在激战中击毁18辆坦克。随后第503营撤退至拉镇（Laa）。

1945年4月22日：第503营的2辆坦克进入斯顿斯多夫（Stonsdorf）附近的掩护阵地，另外2辆坦克则向北进至迪恩霍尔茨（Dürrnholz）和诺普勒奥（Neupreau）地区。

1945年4月24日：第503营的坦克转移至茨文滕多夫（Zwingendorf）。

1945年4月26日：第503营部署在索舍尔（Socherl），在乌茨朔芬（Wutzeshofen）附近的战斗中击毁1辆坦克。

1945年4月27日至30日：第503营在沃斯蒂茨（Wostitz）附近进行防御战斗，同日营长冯·迪斯特-克贝尔上尉获颁骑士十字勋章。

1945年4月29日：第503营头号坦克王牌，也可能是战绩最高的虎式坦克王牌科尼斯佩尔上士在战斗中阵亡，其确认战果达到168辆，但从未获得过骑士十字勋章。在4月间的战斗行动中第503营因各种原因损失14辆坦克，保有坦克数量降至12辆。

1945年5月2日至6日：第503营的12辆坦克全部出动，掩护多条交通要道，同时接到上级命令在撤退过程中不再回收受损坦克，全部就地炸毁。

1945年5月7日：苏军部队在整条战线上发动全面进攻，第503营拼尽最后一点力量顽强防御，击毁16辆坦克、12辆自行火炮、7门反坦克炮和1架飞机，最后经韦廷考（Wittingau）撤退，德军防线土崩瓦解。

1945年5月8日：第503营抵达施德罗维茨（Schidrowitz），与上级指挥机关失去联系，自行决定向布杰约维采（Budweis）撤退，以便向美军部队投降。

1945年5月9日：第503营残部撤至布杰约维采，2辆坦克摧毁了一门被捷克人缴获的88毫米反坦克炮。

1945年5月10日：在通过布杰约维采后，营部收到德国已经在两天前战败投降的消息，同时得知与美军的投降谈判归于失败，所有被俘人员将被移交苏军。于是，第503营最后幸存的约450名官兵在附近的森林里进行了最后一次集结，军官和军士们拿出自己的勋章，授予那些跟随部队战斗到最后一刻的士兵们。该营剩下的所有车辆装备，包括最后2辆虎王都被炸毁。然后所有人分成若干个小组，每组5～12人，各自行动，希望能够逃往巴伐利亚，但最后仅有120人成功逃脱，其余人员均被美军俘虏，被关押在茨维塞尔（Zwiesel）的战俘营内，随后被移交苏军，等待他们的是审判和苦役。

战果统计

第503重装甲营是二战时期德军最成功、战绩最高的重装甲营，自1943年初在东线南段参战至1945年5月解散，转战东西两线，经历无数血战，击毁了1700余辆坦克和超过2000门反坦克炮，自身因各种原因损失252辆坦克，这个数字也是各重装甲营中最高的。

第503／"统帅堂"重装甲营历任营长

波斯特（Post中校，1942年5月至1943年1月，调职）

埃里希·霍艾泽尔（Erich Hoheisel中校，1943年1月25日至5月，调职）

克莱门斯-海因里希·冯·卡格内克（Clemens-Heinrich Graf von Kageneck上尉，1943年5月10日至1943年7月某日，负伤）

汉斯–于尔根·布尔梅斯特（Hans-Jürgen Burmester上尉，1943年7月22日至10月24日，代理指挥）

冯·卡格内克上尉（1943年10月24日至1943年12月某日，负伤）

汉斯–于尔根·布尔梅斯特上尉（1943年12月3日至1944年1月8日，代理指挥）

罗尔夫·弗罗梅（Rolf Fromme上尉，1944年2月20日至12月9日，调职）

诺德维因·冯·迪斯特-克贝尔（Nordewin von Diest-Körber上尉，1944年12月17日至1945年5月10日，解散）

第 3 章　陆军第 503/"统帅堂"重装甲营

第 503 重装甲营骑士十字勋章获得者

克莱门斯-海因里希·冯·卡格内克上尉	骑士十字勋章	1943年8月4日
	橡叶饰（第513位获得者）	1944年6月26日
瓦尔特·舍夫（Walter Scherf）中尉	骑士十字勋章	1944年2月23日
诺德维因·冯·迪斯特-克贝尔上尉	骑士十字勋章	1945年4月27日

第 503 重装甲营虎式坦克王牌战绩排行榜

库尔特·科尼斯佩尔（Kurt Knispel）上士	168辆
海因茨·龙多夫（Heinz Rondorf）候补军官	106辆
海因茨·格特纳（Heinz Gärtner）上士	103辆
康拉德·魏纳特（Konrad Weinert）少尉	59辆

※ 克莱门斯-海因里希·冯·卡格内克（1913—2005）。左图是他佩戴着骑士十字勋章的结婚照，右图是他获得橡叶饰之后拍摄的宣传照。

虎式坦克 全景战史

※ 罗尔夫·弗罗梅（1914—1992）

※ 诺德维因·冯·迪斯特-克贝尔（1912—2003）

※ 瓦尔特·舍夫（1917—2003），左图摄于切尔卡瑟作战期间，右图是他身着礼服所摄。

第 3 章　陆军第 503/"统帅堂"重装甲营

※ 库尔特·科尼斯佩尔（1921—1945）

※ 虎王坦克上的库尔特·科尼斯佩尔。

※ 海因茨·龙多夫

※ 海因茨·格特纳

※ 康拉德·魏纳特（1920—1943）

陆军第503（统帅堂）重装甲营虎式/虎王坦克接收及保有数量统计表

接收日期	虎式坦克	虎王坦克	保有数量	备 注
1942.11	4	—	4	
1942.12	16	—	20	另有31辆三号N型
1943.2.6	9	—	26	原第502重装甲营第2连并入
1943.3.31	10	—	31	配属第1连
1943.4.30	10	—	41	配属第3连
1943.5.10	4	—	45	
1943.8.23	12	—	49	
1944.1.3	39	—	64	
1944.1.7	6	—	69	
1944.2.10	6	—	51	
1944.2.26	3	—	57	
1944.2.29	7	—	64	由第506重装甲营移交
1944.3.9	6	—	?	
1944.3.10	（6）	—	?	1辆留在塔尔诺波尔
1944.3.17	（1）	—	60	修复坦克
1944.3.21	6	—	65	
1944.5.15	−5	—	0	移交第509重装甲营
1944.6.11	6	—	6	
1944.6.12	11	12	29	
1944.6.14	6	—	35	
1944.6.15	5	—	40	
1944.6.17	5	—	45	
1944.7.31	—	6	21	
1944.8.2	—	8	29	
1944.9.19	—	11	13	
1944.9.20	—	15	28	
1944.9.21	—	12	40	
1944.9.22	—	7	47	
1945.3.11	—	5	26	
总 计	171	76		

陆军第503（统帅堂）重装甲营虎式/虎王坦克损失情况统计表

损失日期	损失数量	保有数量	备 注
1943.1.9	2	18	被击毁
1943.1.10	2	16	后送维修
1943.1.17	1	15	被己方乘员摧毁
1943.2.22	1	23	被击毁
1943.3.10	2	21	后送维修
1943.7.10	2	43	被击毁
1943.7.12	1	42	被击毁
1943.7.14	1	41	被击毁
1943.7.23	3	38	被击毁
1943.8.13	1	37	被击毁
1943.8.24	1	48	被击毁
1943.8.29	4	2	被击毁
1943.8.31	1	45	被己方突击炮误击摧毁
1943.9.6	1	44	被击毁
1943.9.13	1	43	被己方乘员摧毁
1943.9.30	4	39	后送维修

第3章 陆军第503/"统帅堂"重装甲营

续表

损失日期	损失数量	保有数量	备注
1943.10.30	4	35	被击毁
1943.11.13	7	28	被击毁
1943.12.20	3	25	后送维修
1944.1.3	1	69	自燃
1944.1.27	1	68	被己方"黑豹"误击摧毁
1944.1.29	2	66	被己方乘员摧毁
1944.2.12	4	62	被击毁
1944.2.15	1	61	被击毁
1944.2.16	1	60	被T-34击毁
1944.2.18	4	56	被己方乘员摧毁
1944.2.25	8	57	无法修复报废
1944.3.9	2	62	被击毁
1944.3.14	1	61	被击毁
1944.3.15	1	60	被击毁
1944.3.21	1	65	被己方乘员摧毁
1944.3.22	4	61	被己方乘员摧毁
1944.3.29	1	60	被击毁
1944.3.30	24	36	21辆被己方乘员摧毁
1944.4.4	1	35	拆解作为备件
1944.4.5	1	34	被己方乘员摧毁
1944.4.8	5	29	被击毁
1944.4.22	22	7	被击毁或自毁
1944.7.6	1	44	无法修复报废
1944.7.18	13	32	被击毁
1944.8.1	3	29	后送维修
1944.8	29	0	被己方乘员摧毁
1944.8.12★	1	13	被缴获
1944.8★	11	2	被己方乘员摧毁
1944.11.1	1	46	焚毁
1944.11.2	2	44	1辆自毁、1辆被反坦克炮击毁
1944.11.3	1	43	被反坦克炮击毁
1944.11.5	2	41	后送维修
1944.11.20	1	40	被己方乘员摧毁
1944.12.6	1	39	被击毁
1944.12.7	10	29	被己方乘员摧毁
1944.12.8	1	28	被反坦克炮击毁
1944.12.23	1	27	被反坦克炮击毁
1944.12.24	1	26	被己方乘员摧毁
1945.1.9	1	25	被ISU-152击毁
1945.1.11	2	23	被击毁
1945.2.1	1	22	被己方乘员摧毁
1945.2.17	1	21	被击毁
1945.4.11	1	25	被击毁
1945.4.26	1	?	被击毁
1945.4	12	12	大多被己方乘员摧毁
1945.5	12	0	大多被己方乘员摧毁
总　计	237		战损45%，自毁49%，其他原因损失6%

★ 第503重装甲营第3连换装虎王坦克后在诺曼底战场的损失情况。
※ 原书统计如此，估计有误。责编注。

陆军第503重装甲营编制序列（1942年12月）

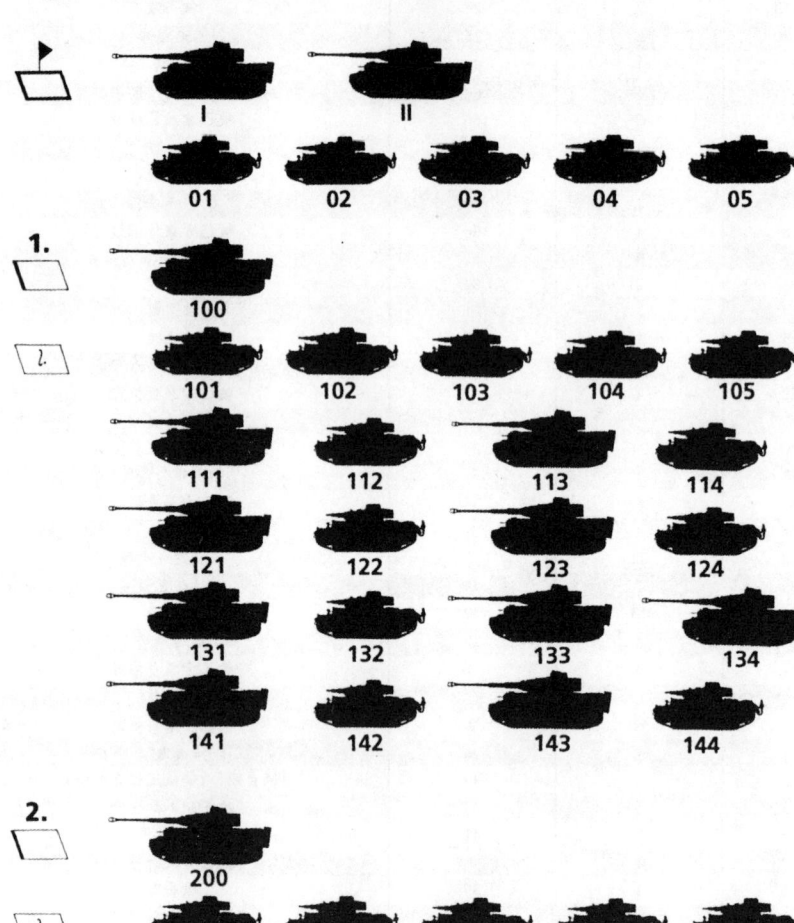

指挥部
- I, II
- 01, 02, 03, 04, 05

1. 连
- 100
- 101, 102, 103, 104, 105
- 111, 112, 113, 114
- 121, 122, 123, 124
- 131, 132, 133, 134
- 141, 142, 143, 144

2. 连
- 200
- 201, 202, 203, 204, 205
- 211, 212, 213, 214
- 221, 222, 223, 224
- 231, 232, 233, 234
- 241, 242, 243, 244

第 3 章　陆军第 503/"统帅堂"重装甲营

陆军第 503 重装甲营编制序列（1943 年 7 月）

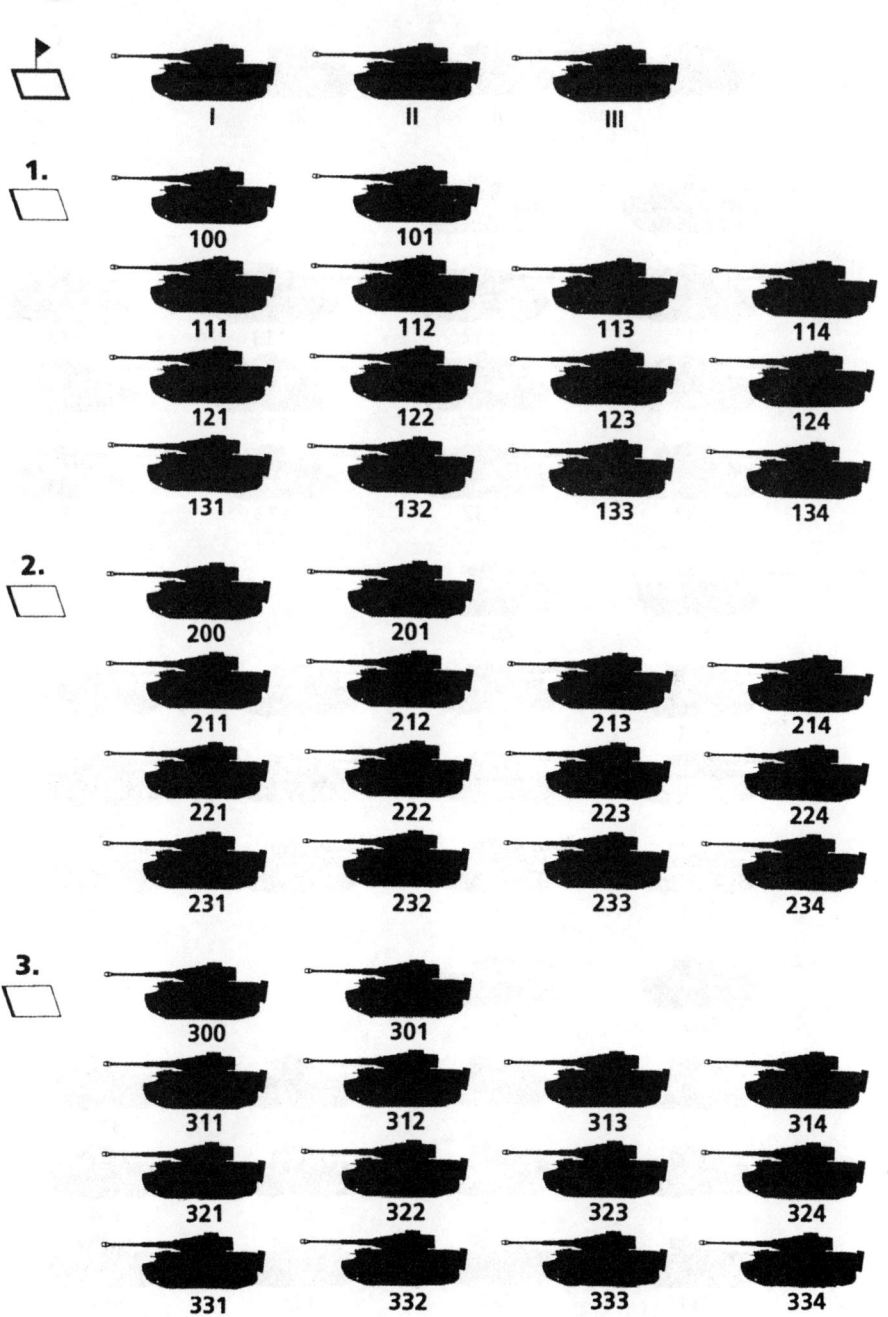

	I	II	III

1.
- 100, 101
- 111, 112, 113, 114
- 121, 122, 123, 124
- 131, 132, 133, 134

2.
- 200, 201
- 211, 212, 213, 214
- 221, 222, 223, 224
- 231, 232, 233, 234

3.
- 300, 301
- 311, 312, 313, 314
- 321, 322, 323, 324
- 331, 332, 333, 334

虎式坦克 全景战史

陆军第503重装甲营编制序列（1944年6月）

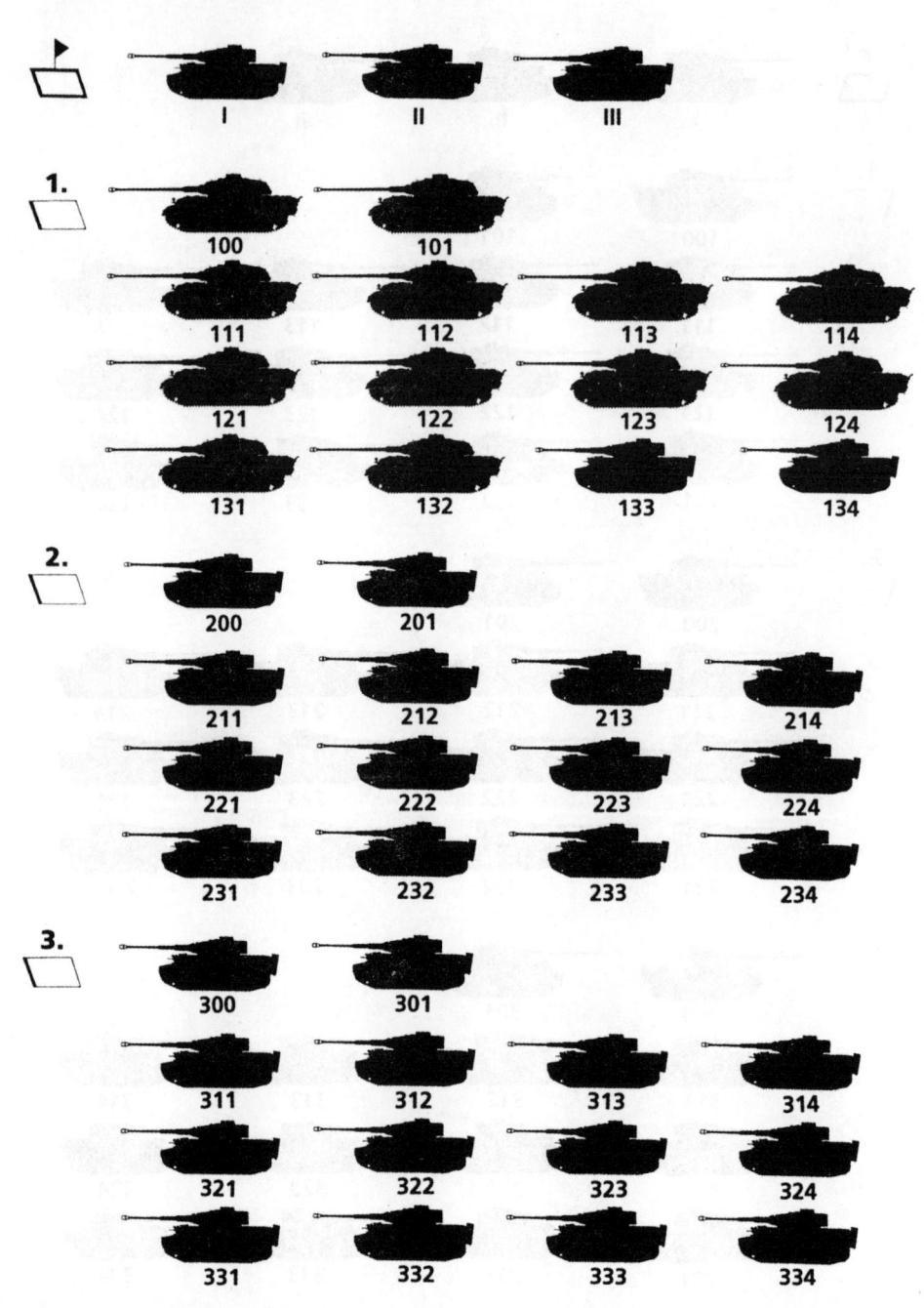

I　II　III

1.
100　101
111　112　113　114
121　122　123　124
131　132　133　134

2.
200　201
211　212　213　214
221　222　223　224
231　232　233　234

3.
300　301
311　312　313　314
321　322　323　324
331　332　333　334

第 3 章　陆军第 503/"统帅堂"重装甲营

陆军第 503 重装甲营编制序列（1944 年 9 月）

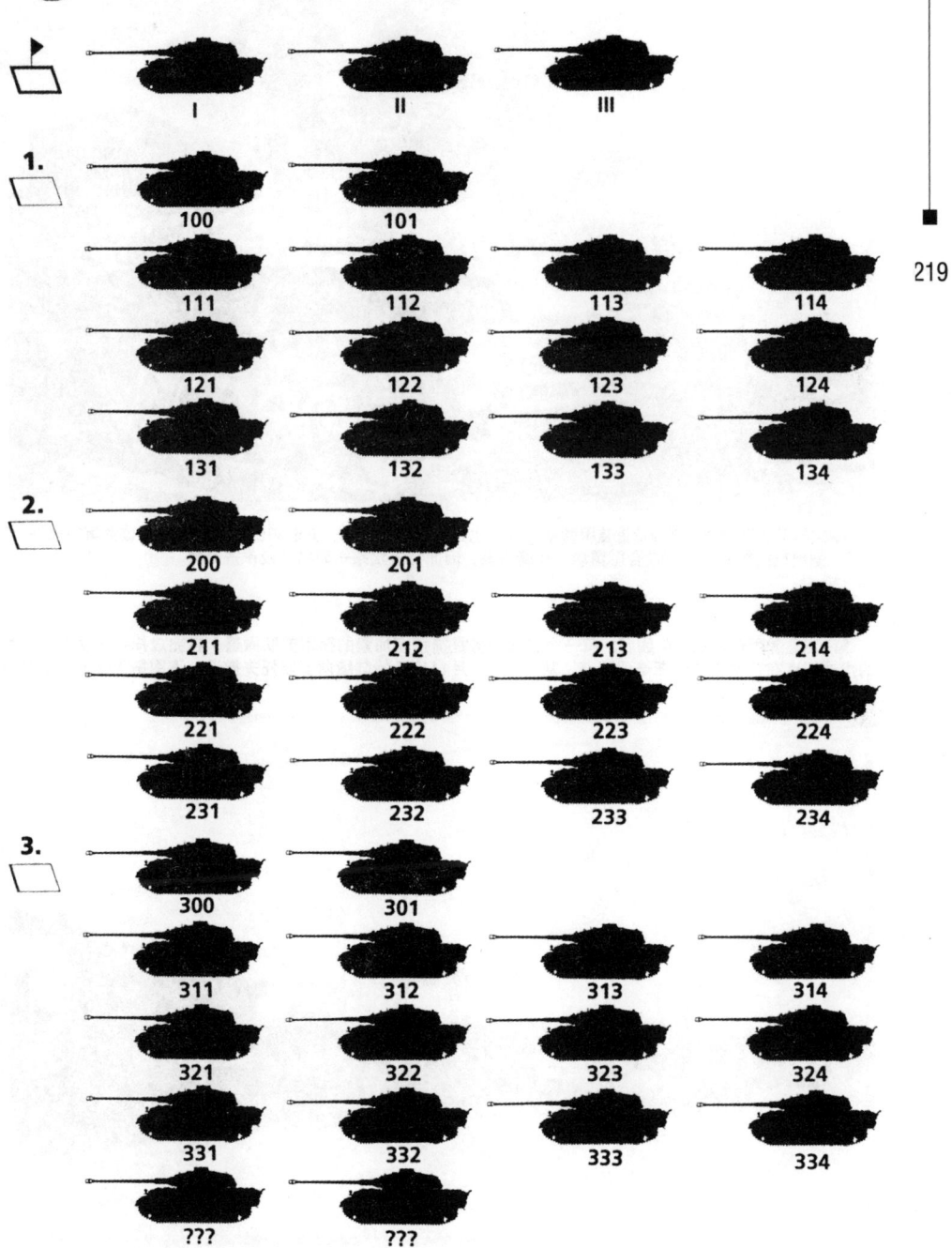

I	II	III	
1.			
100	101		
111	112	113	114
121	122	123	124
131	132	133	134
2.			
200	201		
211	212	213	214
221	222	223	224
231	232	233	234
3.			
300	301		
311	312	313	314
321	322	323	324
331	332	333	334
???	???		

虎式坦克 全景战史

※ 1942年圣诞节前夕，第503重装甲营奉命在维也纳地区登上火车，开赴东线南段。上图为该营第2连的一辆三号N型坦克的车组在临行前合影留念，圣诞将至，因此特地找来一截松枝权作圣诞树。

※ 第503重装甲营在抵达前线后的第一个作战任务是掩护高加索的德军部队撤退，在完成掩护行动后，该营的虎式坦克在普罗勒塔尔斯卡亚集结，从1943年1月11日开始陆续向罗斯托夫撤退。下图摄于普罗勒塔尔斯卡亚。

第 3 章　陆军第 503/"统帅堂"重装甲营

※ 上图　是1943年1月在萨尔斯克附近，第503重装甲营的虎式坦克伴随着长长的战俘队伍向西撤退，这些钢铁怪兽不经意间扮演了押送者的角色。

※ 下图　是第503重装甲营第1连的111号虎式坦克，摄于1943年1月22日抵达罗斯托夫后。注意当时第503营的虎式坦克并没有涂绘白色冬季涂装，仍保持着出厂时的德国灰涂装，在车体正面没有加挂备用履带，在前部左右挡泥板上各有一个工具箱。

虎式坦克 全景战史

※ 1943年2月13日，第503重装甲营在所有虎式撤离前线后，将15辆三号N型坦克集中编成一个轻型连配属于桑德尔战斗群，继续担负掩护任务。上图为轻型连的三号坦克群在掩护德军车队撤退。

※ 下图 为1943年2月16日，轻型连在撤退途中渡过米乌斯河时，103号三号坦克不慎压碎了冰层，沉入河中。图为一名军官在查看被封冻在河中的103号车，炮塔储物箱背面的车辆编号清晰可见。

第3章　陆军第503/"统帅堂"重装甲营

※ 上图　摄于1943年2月12日，在某次进攻行动后，第503重装甲营第2连的243号虎式坦克在战地补充燃料。注意车体正面右上角的圆形标志即该营的虎头营徽，但后来取消了这一标志。

※ 下图　摄于1943年2月23日，在向新阵地转移途中，第503重装甲营第1连的111号虎式坦克压垮了一座木桥，所幸坦克并无大碍。图为该营回收排正设法将虎式坦克拖离断桥。

虎式坦克 全景战史

※ 1943年3月，由芬德萨克上士指挥的一个虎式装甲排抵达前线，配属于第503重装甲营，增强其作战力量。上图为该排尚未卸车的虎式坦克，注意这辆坦克没有涂绘编号和标志，但已敷设了防磁涂层。

※ 下图 是经过数周休整后，第503重装甲营奉命向马里乌波尔前进，为了应付长距离履带行军的燃料消耗，每辆虎式坦克都在引擎舱盖上携带一个200升油桶，这与第501重装甲营在北非进行远程行军时的做法相似。从这幅照片中可以看到，当时第503营的虎式坦克车尾的引擎排气管没有安装护罩。

第3章 陆军第503/"统帅堂"重装甲营

※ 上图 是第503重装甲营营部所属Ⅱ号虎式坦克的近照，摄于该营乘火车前往哈尔科夫时。在坦克炮塔和炮管上搭有伪装网，虎式坦克并没有更换窄幅运输履带，在车体首下部位装有备用履带板，在炮塔上似乎装有一盏探照灯，这一装备在虎式坦克上是很少见的。

※ 下图 摄于1943年5月10日，第503重装甲营的虎式坦克纵队通过一座桥梁向哈尔科夫前进。最前方的那辆坦克上，一位车组成员面对镜头摆了一个非常霸气的Pose，直接跨坐在88毫米坦克炮上，双手插兜，一副毫无畏惧的神情。

虎式坦克 全景战史

※ 上图及下图　均摄于1943年5月间第503重装甲营在哈尔科夫西南地区进行演习时，该营第2连第4排的排长座车241号虎式坦克在训练期间侧翻在一个泥坑中，最后由132号和233号两辆虎式坦克实施救助，将其拖出泥坑。值得注意的是，132号车与233号车炮塔侧面的车辆编号样式有所差异，这是由于第503营在不久前按照标准编制进行了重整，并将所有三号坦克从各装甲连中撤编，并对虎式坦克重新编号，而此时部分车辆尚未重新涂绘新的编号。

第3章 陆军第503/"统帅堂"重装甲营

※ 上图 涌上公路的牛群使本来就不宽阔的道路更加拥挤，第503重装甲营的虎式坦克和其他德军车辆只能停在公路上，等待道路疏通。注意这辆虎式坦克车体正面仍有虎头营徽，可能是第503营第1连或第2连的车辆。

※ 下图 是第503重装甲营第3连的321号虎式坦克在哈尔科夫附近的集结地，注意其车首下位置的备用履带板及其挂架结构，第503营第3连的前身是第502营第2连，于1943年1月并入该营。

虎式坦克 全景战史

※ 在1943年6月"堡垒"行动准备期间，第503重装甲营抓紧时间对虎式坦克进行维修保养，上图为该营维修连的士兵在检修一辆虎式坦克的引擎及其排气管。

※ 上图 也是摄于1943年6月，第503重装甲营维修连的士兵们在对虎式坦克的炮塔进行检修，这幅照片显示了进行维修作业时两种放置炮塔的方法：一种是将炮塔吊放到厚重的木制台架上，如照片正中的这座炮塔；另一种是用数个空油桶（很可能填充了沙土）将炮塔垫起，就像照片左侧133号坦克的炮塔。

第3章　陆军第503/"统帅堂"重装甲营

※ 在"堡垒"行动前数周时间里，第503重装甲营进行了密集的训练，上两图就展现了该营第3连323号虎式坦克在训练中涉水过河的情景，这辆坦克在车首下位置加挂了大片的备用履带板，以强化正面防护能力。

虎式坦克 全景战史

※ 上图 是1943年6月间第503重装甲营第3连323号虎式坦克进行训练的另一幅留影,这辆坦克刚刚涉过一条小河,正努力爬上河岸,看来虎式坦克的爬坡能力还是可以的。

※ 1943年6月初,第503重装甲营与第7装甲师进行了联合演习,下图为演习期间该营第3连冯·罗森少尉指挥的虎式坦克利用一条用横木铺就的便道穿越一片泥沼。

第3章 陆军第503/"统帅堂"重装甲营

231

※ 上图　为第503重装甲营第3连的324号虎式坦克在演习中不幸陷入泥沼而抛锚，正在等待救援。从照片中显示出当时虎式坦克车尾装备的布局，在车尾两侧分别挂有两个备用油桶和一个大型工具箱，在两个排气管之间还挂着一只水桶。

※ 下图　是第503重装甲营的虎式坦克在试用新的防步兵发烟装置，虎式坦克车组成员很快就发现这一装备在坦克交战时更加有用，可以遮挡敌军坦克的视线，掩护己方坦克转移阵位。

虎式坦克 全景战史

※ 上图 是一位德军军官用望远镜观察第503重装甲营的虎式坦克进行火力支援训练，在战前演习中为步兵提供炮火支援是虎式坦克演练的一项重要科目。

※ 跨越反坦克壕也是第503重装甲营战前训练的重要内容之一，下图为该营第3连的311号虎式坦克在众人的围观下刚刚越过一道反坦克壕。

第3章　陆军第503/"统帅堂"重装甲营

※ 上图　是第503重装甲营第3连的324号虎式坦克在战前训练中用主炮开火，演练火力支援行动。

※ 演习结束后，第503重装甲营从演习区域返回集结地。下图为该营第3连的虎式坦克纵队在归途中的一处弯道依次转向，还有一辆挎斗摩托同行，可能是负责传达命令。

虎式坦克 全景战史

※ 上图 是在"堡垒"行动发动数天前，第503重装甲营第3连的5辆虎式坦克在草原上一字排开进行试射，以校准火炮。在即将开始的战役中，该营配属于肯普夫战役集群，但并未被赋予主攻任务，而是以连为单位分散配置于各装甲师内，执行支援任务，真正出风头的是党卫军部队的虎式坦克单位。

※ 在"堡垒"行动前夕，一个土耳其军事代表团造访了第503重装甲营，下图为土耳其军官在参观虎式坦克，显然他们对此兴趣浓厚。

※ 下图 是在1943年7月初大战之前最后的宁静时刻，第503重装甲营的虎式坦克车组在坦克旁小睡片刻，养足精力以迎接苦战。

第 3 章　陆军第 503/"统帅堂"重装甲营

※ 上图　是第503重装甲营第3连的虎式坦克纵队耀武扬威地穿过哈尔科夫的街道，在车队最前方汽车上站立的军官就是第3连连长朗格上尉，在其座车左侧前挡泥板上绘有第3连的战术符号。

※ 下图　是战役开始前夕，第503重装甲营第2连的屈索夫少尉（右一）在虎式坦克旁边的小桌周围与部下交谈。注意照片背景中可以看到虎式坦克的侧裙板上焊有一些扁平铁片，用于缠绕铁丝网，防止敌军步兵攀爬。

虎式坦克 全景战史

236

※ 上图 摄于进攻前日，第503重装甲营第1连的14辆虎式装甲排成一路纵队，沿公路向进攻集结地域开进，这种"虎群"齐出的场面威风凛凛，非常震撼。

※ 在"堡垒"行动中，第503重装甲营第2连配属于第19装甲师展开作战。下图为该连的虎式坦克向集结地前进，注意前面的两辆坦克引擎排气管加装了护罩，而位于最后的222号虎式没有这一装置。

第 3 章 陆军第 503/"统帅堂"重装甲营

※ "堡垒"行动中,第503重装甲营的虎式坦克主要担负火力支援任务,上图为该营第2连连长的200号座车在步兵伴随下进入掩护阵地。

※ 下图 是第503重装甲营第2连的两辆虎式坦克支援步兵向米恰洛夫卡村发动进攻,可见两辆坦克都将火炮指向左前方某个位置,进攻部队很可能遭到来自那个方向的火力袭击。

虎式坦克 全景战史

238

※ 上图　是第503重装甲营第2连第3排排长的231号虎式坦克在战斗中向苏军目标开火射击，注意这辆虎式还安装着空气滤清器。

※ 下图　是一名受伤的德军士兵在两位战友的搀扶下向后方撤退，在他们身后不远处，一辆虎式坦克坚守在掩护位置上，通常来说，有虎式坦克伴随作战非常有助于提高步兵部队的士气。

第3章　陆军第503/"统帅堂"重装甲营

※ 上两图　是在接近目标时，一条小河挡住了虎式坦克的前进道路，工兵部队正在紧张地架设便桥，供坦克过河，而步兵部队已经抵达河对岸，继续向村庄前进。在桥梁架设完毕后，第2连的虎式坦克群鱼贯过河，追赶步兵的脚步。

虎式坦克 全景战史

※ 上图　是第503重装甲营第2连的222号虎式坦克正在通过军用便桥，注意便桥前端的金属踏板，在桥梁两端都设有踏板，形成坡道，便于坦克上下桥面。

※ 下图　是222号虎式坦克正在驶下军用便桥，在其车体正面及炮塔防盾上可以发现三处被炮弹击中的痕迹，而指挥塔舱盖呈开启状态，可能车长想探头向外观察，但在战斗状态下这样做是很危险的。在这组照片拍摄后不久，第2连的全部坦克都陷入雷区而瘫痪了。

第3章 陆军第503/"统帅堂"重装甲营

※ 上图　是第503重装甲营第2连连长的200号虎式坦克过了便桥，注意工兵在桥头的河岸上铺设了一层铁板，防止沉重的虎式坦克陷在河边的松软泥土中。

※ 相比第2连的遭遇，第503重装甲营第1连在进攻日当天的行动较为顺利，下图为该连第3排的两辆虎式坦克在战斗间歇做短暂休息，恢复体力，准备继续进攻。

虎式坦克 全景战史

※ 上图 是第503重装甲营侦察排的挎斗摩托车和半履带装甲车在前线地带活动，驾驶摩托车的下士已经在战斗中负伤，下巴周围缠着绷带，真是轻伤不下火线啊！

※ 第503重装甲营第3连在"堡垒"行动首日遭遇异常顽强的抵抗，参战的坦克都屡屡中弹，苏军反坦克火力的炽烈可以从下图这辆第3连受损坦克的正面得到佐证，在车首下及车体上有多处炮弹未击穿留下的浅坑，但在车首球形枪座右侧，一枚大口径炮弹贯穿了正面装甲。

第3章 陆军第503/"统帅堂"重装甲营

※ 上图 是一名士兵在检查100号虎式坦克炮塔上部的中弹部位,尽管装甲表面出现了裂痕,但并未击穿,这种表面创伤对于虎式坦克而言可谓司空见惯,不值得太过担忧。

※ 下图 是一幅具有象征意义的画面,一辆虎式坦克停在一辆被击毁的T-34旁边,就性能而言,前者完全压倒后者,但战争的实际情况却恰恰相反。

虎式坦克 全景战史

※ 在库尔斯克的攻势停顿后，第503重装甲营得到了短期休整，准备再战。上图为113号虎式坦克的炮塔被15吨门式吊车吊起，以接受检修，摄于1943年7月30日。

※ 下图 摄于1943年8月1日清晨，第503重装甲营第2连的231号虎式坦克准备离开集结地向前线开拔，一队匆匆赶路的步兵从坦克旁边经过，或许在不久后他们将并肩战斗。

第 3 章　陆军第 503/"统帅堂"重装甲营

※ 上图　是第503重装甲营第2连的211号虎式坦克在补充炮弹，摄于1943年8月间该连在别尔哥罗德进行防御战期间。

※ 下图　摄于1943年8月1日，第503重装甲营的虎式坦克从德军补给车队旁边驶过，这幅照片再度凸显出德国陆军在普及机械化方面的困境，在战斗部队装备一流装甲车辆的同时，后勤支援部队中仍充斥着大量牛马车辆。

虎式坦克 全景战史

※ 上面这幅摄于1943年8月10日的照片显示出很多有趣的细节，在照片中央是正在接受紧急修理的122号虎式坦克，左侧是正在吊运部件的机动吊车，右侧这部卡车上大有文章，其风挡玻璃上有一个很大的字母B，表示该车属于回收排，而前挡泥板上的带有字母St的平行四边形标志表示属于营部连。

※ 1943年8月13日，第503重装甲营奉命支援党卫军"髑髅"师"艾克"装甲掷弹兵团第3营发起反击。下图为战斗前虎式坦克的车长在与一群党卫军士兵商讨作战细节，党卫军部队都配发了特殊样式的迷彩作战服，因此在战场上很容易辨认。

第3章 陆军第503/"统帅堂"重装甲营

※ 1943年8月16日，第503重装甲营作为预备队调往战线后方集结，上两图都拍摄于该营准备前往新集结地之前，左上图是营长I号座车的无线电操作手从指挥塔探出身子，向远处的营长挥手示意接听通话，他身后是展开的通信天线，炮塔侧面是罗马数字I和十字徽；右上图是332号虎式坦克从一辆卡车上接受燃料补给，注意炮塔储物箱背面的车辆编号和十字徽。

※ 下图 是第503重装甲营第3连连长舍夫中尉在座车指挥塔舱口处研究地图，他后来获得了骑士十字勋章。从这幅照片中可以观察到虎式坦克指挥塔舱盖的细节特征。

虎式坦克 全景战史

※ 上图　是1943年8月18日第503重装甲营在马克斯莫沃卡村附近战斗的现场照片，照相机镜头恰好捕捉到代理营长布尔梅斯特上尉的虎式坦克击中一辆T-34坦克的瞬间，可见射击距离相当远。

※ 下图　摄于1943年8月28日，第503重装甲营第2连的三辆虎式坦克奉命进入161.8高地附近的掩护阵地，但是在如此开阔暴露的阵地上虎式坦克很容易遭到炮击而受到损伤。

第3章 陆军第503/"统帅堂"重装甲营

※ 上图 摄于1943年9月，第503重装甲营第3连连长乘坐的300号虎式坦克在一处村庄里休整，这辆坦克安装了新的车长指挥塔，应该是后来补充到第503营的坦克，车体侧面的裙板已残缺不全、扭曲变形，这是该车经历战斗的证明。

※ 下图 是在第503重装甲营战地维修厂内被拆得七零八落的311号虎式坦克，不可思议的是，在这幅照片拍摄次日，这辆坦克就修复如初，重返战斗序列，可见德军维修单位的能力之强；不过由于战局变化，维修连往往没有足够的时间修复所有受损坦克，实际上第503营有数次都因维修厂遇袭而损失了大批装备。

※ 1943年10月，第503重装甲营在斯纳门卡附近地区休整，进行装备维修和训练，本页及下页的照片均摄于休整期间该营第3连在野外驻训时，当时该连在行军途中遇到一条小河阻挡，321和332号虎式坦克试图涉水过河，结果是下河容易上岸难，双双深陷在河岸的淤泥中动弹不得，最后只能让工兵临时搭建了一座木制便桥以跨越这道"天堑"，让其他坦克通过。在上图中331号坦克正驶上建好的便桥，照片左侧是在泥滩上抛锚的321号坦克，而332号坦克则被困在便桥另一侧的河岸上，如下图所示，注意332号坦克在炮塔储物箱背面车辆编号两侧绘有十字徽。不走运的两只"泥老虎"还要费不少工夫才能脱离困境，下页的照片就展示了营救332号坦克的全过程。

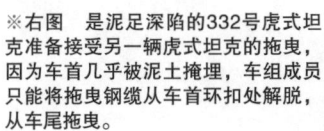

第 3 章　陆军第 503/"统帅堂"重装甲营

※右图　是泥足深陷的332号虎式坦克准备接受另一辆虎式坦克的拖曳，因为车首几乎被泥土掩埋，车组成员只能将拖曳钢缆从车首环扣处解脱，从车尾拖曳。

※下图　是一位车组成员正在车尾的烂泥中寻找被埋没的拖曳环扣，以安装拖曳钢索。注意332号坦克尾部还安装有空气滤清器，并且上面还有弹孔。

虎式坦克 全景战史

252

※ 上图　是一辆虎式坦克在河岸上开倒车，将受困的332号车从小河中拖出来，两根腕口粗的拖曳钢缆都绷得笔直，可见力量之大！

※ 332号坦克还真是多灾多难，刚出河滩又入泥潭，下图是它在另一次训练中陷在一处泥沼中再次被困住，上次的难兄难弟321号坦克奉命前来搭救。

第3章 陆军第503/"统帅堂"重装甲营

※ 上图　是最后依靠两辆虎式坦克的力量，才将332号车拖出了泥潭，类似的营救行动也是第503重装甲营在后方训练的内容之一。

※ 下图　是1943年10月第503重装甲营第1连的123号虎式坦克在向第聂伯河撤退期间的留影，车组成员们悠闲地坐在椅子上，他们的轻松是有原因的：炮塔前的油桶说明他们不用为燃料发愁，而炮塔后面拴着的小牛犊将在未来几天内确保他们填饱肚子。

虎式坦克 全景战史

254

※ 上图　摄于1943年12月间，第503重装甲营转移到基洛夫格勒地区。由于前线战事相对平静，该营利用这段时间对新交付的坦克进行检修，同时确保原有的坦克正常运转。

※ 下图　是1943年底交付第503重装甲营的一辆虎式坦克，其特征是新的车长指挥塔和炮塔侧面的履带板挂钩。

第3章　陆军第503/"统帅堂"重装甲营

※ 1944年1月23日，第503重装甲营被编入"贝克重装甲团"，其指挥官是第6装甲师第11装甲团团长弗朗茨·贝克中校，他是德军中公认的装甲战术专家。上图就是贝克中校在集结时期与第503重装甲营的官兵交流。

※ 下图　摄于贝克重装甲团正在集结时，图中左侧是一辆第503重装甲营的虎式，而右侧的"黑豹"来自第11装甲团。

虎式坦克 全景战史

※ 上图 摄于1944年2月，第503重装甲营的虎式坦克冒着风雪向切尔卡瑟战场前进，以解救被苏军包围的友军部队。

※ 在1944年2月的战斗中，第503重装甲营第1连的101号虎式坦克从战场上拖回了一辆被苏军遗弃但仍可使用的T-34坦克。下图为德军士兵们在这个特殊的战利品前合影留念。

第3章 陆军第503/"统帅堂"重装甲营

※ 上图 是第503重装甲营第2连连长乘坐的200号虎式坦克,摄于1944年2月切尔卡瑟解围行动后不久。这辆坦克车身上的白色伪装色已经大片脱落,需要重新粉刷。

※ 1944年2月底,第503重装甲营的皮佩格拉斯少尉奉命带队回国接收了12辆崭新的虎式坦克,但在返回前线途中在塔尔诺波尔因苏军的进攻受阻,随后被临时配属给米特迈尔战斗群。下图为该分队123号虎式坦克的两位车组成员与三位步兵战友在坦克前合影,摄于1944年3月,最右侧那位伙计面对镜头还举起了上了刺刀的步枪。

虎式坦克 全景战史

※ 1944年5月，皮佩格拉斯分队的虎式坦克脱离了米特迈尔战斗群，转而前往科洛梅亚，负责训练匈牙利坦克手操纵虎式坦克。左图为该分队的122号虎式坦克搭载着几名匈牙利学员，从一栋被破坏的建筑物中穿过。

※ 下图 是皮佩格拉斯分队的一辆虎式坦克在为匈牙利学员进行演示射击，他们都站在炮塔后方的引擎舱盖上观看炮击效果，从坦克负重轮的特征判断，皮佩格拉斯分队的坦克都是后期型。在接受相关训练后，匈牙利军队获得了德军移交的14辆虎式坦克。

第3章 陆军第503/"统帅堂"重装甲营

※ 右图 是皮佩格拉斯分队的一名坦克手在调整114号虎式坦克的刹车踏板后,看着自己沾满油污的双手禁不住发笑,从这幅特写照片中我们可以近距离地观察虎式坦克防磁涂层的细节。

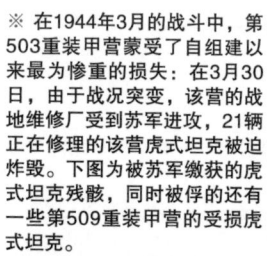

※ 在1944年3月的战斗中,第503重装甲营蒙受了自组建以来最为惨重的损失:在3月30日,由于战况突变,该营的战地维修厂受到苏军进攻,21辆正在修理的该营虎式坦克被迫炸毁。下图为被苏军缴获的虎式坦克残骸,同时被俘的还有一些第509重装甲营的受损虎式坦克。

虎式坦克 全景战史

※ 1944年6月,在东线遭遇重创的第503重装甲营在奥尔德鲁夫重建,并且开始换装虎王坦克。上图为该营第1连的成员正在为新接收的虎王坦克涂绘迷彩。

※ 在第503重装甲营尚未完成换装时,盟军在诺曼底登陆了,该营奉命开赴法国作战。下图为第1连的虎王坦克在爱森纳赫第2装甲团驻地等待登车,前往西线。

第3章　陆军第503/"统帅堂"重装甲营

※ 上图　是第503重装甲营第1连的114号虎王，摄于前往法国诺曼底战场之前，注意这辆坦克拆掉了侧裙板，以便更换窄幅运输履带。

※ 在前往法国前线途中，必须时刻警惕盟军的空袭，下图中一位坦克兵倚靠在虎王炮塔旁，用望远镜进行对空警戒，而他的战友却躲在下面看杂志！

※ 下图　是抵达法国后，第503重装甲营的几位坦克手聚在虎王坦克旁交谈，照片中央穿黑色制服者就是该营的头号坦克王牌科尼斯佩尔下士。

虎式坦克 全景战史

※ 上图 摄于1944年7月6日，由赛德尔上士指挥的323号虎式坦克在向卡农前进途中压垮了一座桥，坦克也坠入桥底，被判定全损，这是第503重装甲营在西线战场上损失的第一辆坦克。

※ 下图 是323号虎式坦克在坠桥事故发生前拍摄的照片，可见坦克车身进行了彻底的伪装，这是防御盟军空袭的必要措施。

第3章 陆军第503/"统帅堂"重装甲营

※ 上图及右图 摄于1944年7月7日夜向前线运动过程中，这时第503重装甲营来到了卡昂以东的一个村子里，图中出现的坦克是第503营第3连的301号虎式，在场的还有一些空军士兵，他们来自第16空军野战师，该营当时被配属该师。

虎式坦克 全景战史

※ 这三张照片的具体拍摄时间不明，估计是盟军发起"古德伍德"行动前几天，这里是特罗阿恩西南面的肖特鲁城堡（Château de Chanteloup）附近的一片树林，第503营第1连的虎王与第2连的虎式借助高大树木的掩护在进行休整。右图中可以看到第1连的114号虎王，它旁边正好有两名英军或加拿大军战俘在看守的监督下推着一辆手推车走过。

第3章 陆军第503/"统帅堂"重装甲营

※ 上图　是在1944年7月18日盟军重型轰炸机的地毯式轰炸中被炸得底朝天的第503营第3连313号虎式。

※ 下图　也是在1944年7月18日损失的第503营第1连100号虎王，但它不是被轰炸炸翻，而是因陷入弹坑无法脱困而被遗弃。图为盟军最高统帅艾森豪威尔在检视这辆虎王的残骸，它翻倒的原因可能是盟军为了清空路面而将其推翻的。

虎式坦克 全景战史

※ 上图及下图　是1944年7月18日下午的战斗中遭到英国近卫装甲师第2爱尔兰近卫装甲团一辆"谢尔曼"撞击的第503营第1连的122号虎王，它在被撞击后失去了行动能力，接着被一门德军的75毫米反坦克炮误击而被摧毁。

※ 诺曼底战役后期，德军全线崩溃，第503重装甲营随德军大部队向塞纳河撤退。下图为1944年8月12日在布尔格特鲁尔德拍摄，第503营第2连的213号虎式正通过这个镇子前往埃尔伯夫，准备在那里渡过塞纳河，但由于缺乏渡河手段，该营残余的坦克被迫全部炸毁，包括这辆213号。同时注意这辆213号是用其他车更改编号而来，先前的213号已经在7月18日的大轰炸中损失掉了。

第 3 章　陆军第 503/"统帅堂"重装甲营

※ 1943年7月下旬，第503重装甲营第3连奉命将剩余的虎式坦克移交第2连，然后撤离前线，前往迈利莱康换装虎王，并在7月31日接收了14辆虎王，其中两辆已经安装了量产型炮塔，包括下图中的301号。得到新装备后，第3连立即投入紧张的训练中。上面四幅照片就是该连的虎王坦克进行火炮射击训练的场面，它们很快就被重新派往诺曼底前线。

虎式坦克 全景战史

※ 1944年8月11日，第503重装甲营第3连乘火车前往巴黎，上图为装载该连虎王坦克的平板货车。

※ 下图　是1944年8月12日在前往巴黎途中，第503重装甲营的军列遭到盟军空袭，311号虎王从货车上翻落，后来被美军缴获。

第 3 章　陆军第 503/"统帅堂"重装甲营

※ 右图　是第503重装甲营第3连的一辆虎王坦克，安装的是波尔舍型炮塔，而全连仅有两辆安装的是量产的亨舍尔型炮塔。

※ 1944年8月14日，第503重装甲营第3连的虎王坦克直接穿过巴黎市区开赴前线，下图为当时坦克纵队穿过凯旋门时的照片。

虎式坦克 全景战史

※ 1944年8月12日，第503重装甲营第3连在巴黎卸车后首先前往文森森林公园内隐蔽，这里茂密的树林是躲避空袭的天然屏障，该连在公园里等待了两天后接到了重返前线的命令，但是大部分坦克在与敌军交火前就被盟军的战斗轰炸机摧毁了，全连仅剩因故障留在后方的两辆虎王坦克幸存。本页的两幅图片均摄于第3连在文森公园待命期间，左图是停在林荫道上的虎王坦克群，上图是300号连长座车的局部特写，可见完全被大片的松枝所包围，但即使在阴影下连长舍夫上尉脖子上的骑士十字勋章依然光彩照人，300号车是全连另一辆安装亨舍尔型炮塔的虎王坦克。

第3章　陆军第503/"统帅堂"重装甲营

※ 上图　是1944年8月在亚眠以北的泰努瓦斯河畔圣波勒（Saint-Pol-sur-Ternoise）地区被遗弃的第503营第3连的324号虎王。

※ 下图　是1944年8月30日在博韦的街头被一辆"萤火虫"击毁的第503营第3连的332号虎王。

虎式坦克 全景战史

※ 在法国北部的战役中损失了全部坦克后，第503重装甲营于1944年9月在帕德博恩重建，并全部换装虎王坦克。上图就是该营重建后接受检阅的虎王坦克群，其中几辆坦克涂绘了新的伏击迷彩，但没有任何编号和标志；下图则是该营在重返前线之前进行训练的情景，由于战况紧急，留给他们的训练时间很少。

第3章 陆军第503/"统帅堂"重装甲营

※ 1944年10月12日，第503重装甲营奉命调往匈牙利，上图为运输途中该营的几名士兵在坦克前的留影，尽管影像模糊，但可以感觉到他们的神色并不轻松，即使背靠着当时世界上最强大的坦克也不能让他们对未来的战争局势抱有希望。

※ 第503重装甲营在抵达匈牙利后的第一项任务是协助其他德军部队控制布达佩斯，掌握匈牙利的政局，下图为1944年10月14日该营的虎王坦克通过霍尔蒂大桥向布达佩斯市中心开进。

虎式坦克 全景战史

※ 上图 是"铁拳行动"期间，碾碎路障攻入城堡区的第503重装甲营第2连200号虎王坦克。

※ 下图 是在位于布达城堡区的皇宫前，德军士兵把哈布斯堡大公的马牵出来查看，第503营第2连的200号虎王也在背景中。

第3章 陆军第503/"统帅堂"重装甲营

※ 上图 是在完成占领任务后，第503重装甲营的虎王坦克正穿过布达佩斯的街市前往火车东站，将在那里乘火车继续开赴蒂萨河桥头堡前线，匈牙利市民沿街驻足等候坦克通过，有轨电车也暂时停运为坦克让路。

※ 下图 是1944年10月18日第503重装甲营第1连的虎王坦克乘火车前往奥博尼途中拍摄。

虎式坦克 全景战史

※ 在第503重装甲营的士兵们在为虎王坦克更换履带时，意外抓到了一个非常受欢迎的"战俘"——一只迷路的肥猪，它很快被坦克兵们吊在虎王坦克的引擎排气管上大卸八块，随后化作盘中美食。

第3章　陆军第503/"统帅堂"重装甲营

※ 在长距离转移途中，虎王坦克经常会发生故障，需要其他车辆拖曳，右图中第503重装甲营一辆引擎失灵的虎王坦克在18吨牵引车的拖曳下通过蒂萨河大桥。

※ 下图　摄于1944年11月14日，第503重装甲营第2连的两辆虎王坦克穿行在真哲什保陶地区某城镇的街道上，该营在随后一周时间内在当地进行了一系列艰苦的防御战。

虎式坦克 全景战史

※ 上图 为1944年11月间,第503重装甲营第1连连长乘坐的100号虎王坦克在某个匈牙利小村做短暂休息。在匈牙利,第503营不仅要和苏军作战,还要和恶劣的天气搏斗。

※ 在重建后,第503重装甲营大多装备了亨舍尔炮塔型的虎王坦克,但仍有两辆坦克安装了波尔舍炮塔,即1944年8月第3连留在迈利莱康的那两辆,下图即其中一辆,可以注意到并未涂绘标志和车辆编号,它们仍归属第3连建制。

第3章 陆军第503/"统帅堂"重装甲营

※ 右图 摄于1944年12月22日，第503重装甲营的两辆虎王坦克在参加反击行动之前补充弹药，当时该营正在巴拉顿湖和韦伦采湖之间的地区阻滞苏军的进攻行动。

※ 右图及随后的五幅照片 均摄于1944年12月23日，记录了第503重装甲营第1连133号虎王坦克在一处小村庄遭遇伏击损毁的全过程，这组照片是由该连100号坦克的驾驶员洛赫曼下士拍摄的，右图是准备进入村庄的一辆虎王坦克。

※ 下图 是两辆虎王坦克作为全连的前导首先进入村庄，右侧即133号，它们交替掩护，搜索前进，可见133号坦克将火炮指向道路左侧，而伴随僚车则监视道路右侧的情况。

虎式坦克 全景战史

※ 突然，隐藏在道路左侧的一门苏军反坦克炮突然向133号坦克开火，僚车在发觉敌情后开始将炮塔转向左侧，但为时晚矣，133号坦克已经中弹冒烟。

第 3 章　陆军第 503/"统帅堂"重装甲营

※ 从近距离拍摄中弹损毁的133号坦克，炮塔仍固定在指向左前方的位置，车体内不断有烟雾涌出，苏军炮弹击穿了坦克左侧车身装甲，驾驶员和无线电操作员当场阵亡，坦克也被判定为全损。

虎式坦克 全景战史

※ 上图 是第503重装甲营第1连的100号虎王坦克,拍摄于小村遇袭后数日,注意搭在车体前部首上位置的两根拖曳钢缆,在潮湿泥泞的匈牙利战场上,这两根钢缆就是虎式坦克救命的神仙索。

※ 下图 是第503重装甲营第2连的一辆波尔舍炮塔型虎王坦克停在一处匈牙利民宅旁,从旁边车组成员的姿态看应该正在休整,这辆坦克已经喷涂了白色伪装,并且在车身周围放置了很多木板、干草,作为隐蔽措施。

第3章 陆军第503/"统帅堂"重装甲营

※ 上图 是第503重装甲营维修连的一个工作分队在一辆3吨牵引车前合影留念,并且将表明部队归属的三角形车标插在身前。维修连的人员时常需要冒着炮火支援装甲连的战友,虽然并不直接与敌军战斗,但他们的工作同样重要。

※ 下图 摄于1945年2月11日第503重装甲营奉命乘火车前往格朗河桥头堡时,注意这辆虎王坦克在装上火车时并未更换窄幅运输履带,这样做可以节省时间,而且下车即可投入战斗。

虎式坦克 全景战史

※ 上图 是在格朗河桥头堡进行了一次成功的进攻行动后，第503重装甲营的131号虎王坦克在一处村庄内短暂休整，它的左侧裙板和前挡泥板已经全部丢失了，值得注意的是车首部位两根拖曳钢缆已经套在环扣上，便于在战斗中实施拖曳。

※ 在战争末期的战斗中，第503重装甲营的虎王坦克在炮塔侧面加挂了更多的备用履带板，正如下图这辆坦克，此举意在加强坦克侧面的防护能力，尤其对于防御敌军高爆弹的攻击非常有效。

第 3 章　陆军第 503/"统帅堂"重装甲营

※ 右图　摄于1945年4月，第503重装甲营的一辆虎王坦克在某位阵亡军官的葬礼上担当了灵车的角色，牺牲者的棺柩放置在炮塔顶部，可见这辆坦克的整个炮塔侧面都被备用履带板覆盖了。

※ 1945年3月11日，第503重装甲营得到5辆崭新的虎王坦克，下图中即为其中一辆，可见车身上涂有伏击迷彩，这是该营在战争中获得的最后一批补充坦克。

虎式坦克 全景战史

※ 上图 是1945年5月在捷克的米库洛夫（Mikulov）拍摄，第503重装甲营的一辆虎王坦克残骸成了这名苏军军官的背景。

※ 下图 是1945年5月在捷克的韦廷考地区拍摄，这辆陷在软泥地中的虎王是第503重装甲营的最后一任营长诺德维因·冯·迪斯特−克贝尔上尉的座车。